Widmung

Allen Freunden im Piemont,
und allen Freunden des Piemonts gewidmet.

über Castiglione Tinella

Heinz Waser

Autor:	Heinz Waser
	Via Brosia 49
	I-12053 Castiglione Tinella
Grafische Betreuung, Layout, Umbruch, Satz und Druck:	Kromer Print AG, CH-5600 Lenzburg
Verlag und Vertrieb:	Kromer Medien AG, CH-5600 Lenzburg
ISBN:	3-9521330-5-1
Copyright:	1997 by Heinz Waser, Castiglione Tinella

Alle Rechte vorbehalten. Ohne ausdrückliche Genehmigung des Autors ist es nicht gestattet, das Buch oder Teile daraus zu vervielfältigen.

Vorwort

Lassen wir uns ins Südpiemont entführen, und dann noch von Heinz Waser! Er nimmt uns mit in sein zweites Leben, irgendwohin abseits der grossen Bahnen. Und wie lebensnah er erzählt! Seine Erzählungen und Zeichnungen aus dem norditalienischen Castiglione Tinella sind weit mehr als ein herkömmlicher Weinführer des Piemonts. Dies ist typisch für den Autor. Heinz Waser ist mehr als ein renommierter Industriearchitekt, mehr als ein engagierter, weitsichtiger Politiker. Heinz Waser ist eine vielseitigere, umfassendere, weitere Persönlichkeit.

Unaufdringlich fordert Heinz Waser uns auf, über Wort und Bild in eine besondere Kultur einzutauchen, um an Ort und Stelle gemeinsame Gegenwart zu erspüren. Erstaunlich, wie sehr er sich in der kurzen Zeit seit seiner Pensionierung in seine neue Welt vertieft hat. Dabei stehen nicht die kulinarischen Genüsse, sondern zahlreiche andere Dinge im Vordergrund, insbesondere die Kontakte mit der einheimischen Bevölkerung und die Landschaften von Castiglione Tinella mit ihren wechselvollen Stimmungsbildern.

Seine Botschaft aus dem Süden wird bei uns im Norden, insbesondere in seiner ursprünglichen aargauischen Heimat, gut verstanden. Denn vieles haben wir gemeinsam. Die gleiche Sonne wärmt unsere Trauben für den Wein; und beide munden vorzüglich. Ein Besuch in Castiglione Tinella lohnt sich; das Aussergewöhnliche daran beginnt schon beim Lesen des Buches und beim Betrachten der Zeichnungen von Heinz Waser.

Dr. Thomas Pfisterer
Regierungsrat Kantons Aargau

Ende 1900

Wer diese kurzen Geschichten liest, ist gezeichnet von der Wanderung aus dem nun auslaufenden Neunzehnhundertund… hinüber in das in Kürze beginnende zweiten Jahrtausend. Es ist die Passage aus einer wildbewegten See in eine unbekannte Weite, eine epochale Entdeckerfahrt um ein Kap der guten Hoffnungen. Hoffnung ist der tiefe Antrieb, weiter zu wandern. Auf welcher gesicherten Grundlage soll man schon stehen bleiben? Seit dem letzten Weltkrieg findet ein universaler Umbruch statt, dem kein Erdenbürger umfassend in seiner Vernetzung zu folgen vermag. Mit mehrheitlich plakativen Lehrsätzen aus dogmatischem Mus glauben immer wieder Gruppen den wegweisenden Pfad durchs Dickicht gefunden zu haben. Der Urwald heisst Veränderung. Die Pfadfinder mit selbstgebasteltem Kompass der Erkenntnisse entarten zu Revolutionären, mutieren zu Terroristen, in der einfältigen Überzeugung, die Andersdenkenden mit Gewalt gewinnen zu können. Aber, wo nur die eigene Wahrheit gilt, wird kaum ein Fortschritt sich ausbreiten. Dieses Jahrhundert des historischen Materialismus bietet Anschauungsunterricht selbst für Blinde. Man kann alles tolerieren oder alles ablehnen, jede Bindung zur Vergangenheit lösen, im Glauben in der Zukunft frei zu sein. Aber weder das Herdentier noch der Egozentriker werden ja frei werden. Freiheit bedarf der Gesetze und der Ordnung. Und bloss weil alles anders ist, ist es noch lange nicht besser. Der Beweis dazu muss angetreten werden, bisher mit dem erschütternden Resultat, dass von all den unzähligen Erneuerungen kaum Spuren zurückgeblieben sind. Wenn, dann meistens Geschädigte und Tote, Internierte und Ausgeschlossene, Bitterkeit. Statt befreiende Liebe, Hass im Kerker der Seele.

Man kann geltend machen, dass sich im Bereich des Sozialen und des Technischen viel verändert hat. Das Streben nach Vervollkommnung stösst bereits an finanzielle Grenzen. Zudem teilt auch dieser Fortschritt unsere Gesellschaft in Zellen auf, analog den soziologischen-politischen Errungenschaften. In Frauen und Männer, in

junge Generationen und Senioren, in Spezialisten und Arbeitslose, in Könner und Nieten, in Grossunternehmungen und Heimwerker, in sehr arme und sehr reiche Ghettos. Die Liste kennt kein Ende. Eine Harmonie in den Extremen scheint unmöglich. Somit scheitert jede Philosophie als Grundlage für eine gerechte Zukunft, und nur wer glaubt, ohne nachzufragen, wird anderer Meinung sein. Wohl hat sich mit der globalen Öffnung auch der Glaubenshorizont erweitert. Es bleibt alles beim alten. Die eigene, angelernte oder zusammengeflickte Wahrheit erhärtet sich zum Alleinseligmachenden. Die alten Strukturen kämpfen um ihre Machtbereiche. Von Liebe und Frieden zu reden, ist angesichts der mörderischen Auseinandersetzungen eine perverse Arroganz dieser Kreise. Das Ende des 20. Jahrhunderts ist chaotisch.
Und nun lege ich ein schon fast romantisch zu nennendes Büchlein vor, quer in dieser wirren Landschaft liegend, ohne prophetisches Engagement. Keine Sozialkritik, kein Klassenkampf, keine Verbesserungsvorschläge ausser dem Rat zur Bescheidenheit. Weder ein faszinierender Imus, noch ein Weissbuch zur Lage der Europäer oder bloss zu einem gemeinsamen Markt, was dieses Konstrukt auch immer bedeuten mag. Kein intellektuelles Traktat über die Kunst oder andere Sparten der Kreativität. Hat eine solche Publikation überhaupt seine Berechtigung in der jährlich niedergehenden Lawine von Literatur im Überlebenskampf gegen die elektronische Welt und ihre Medien? Aber ja, wir sind zu bescheiden um zu stören. Unbedeutend. Nichts. Nichts ist ein Endzustand und ein Beginn.
Auch ein Lebensabend ist ein Endzustand wie das Ende 1900. Hier bin ich angelangt. Meinen Leistungsanteil glaube ich geleistet zu haben, je länger, je weniger mit dem Ehrgeiz, zur Weltverbesserung Sichtbares beigetragen zu haben. Das Sich-Einmischen ist nun Sache der Nachfolgenden. Uns verbleibt das Betrachten. Ich möchte dies als integriertes Betrachten bezeichnen. Ähnlich der Gorki-Novellen, z.B. Konowalow, in denen der Erzählende miterlebte Episoden einer Begegnung

mitempfindend zu Buche bringt. Zuschauer, Kamerad und Chronist. Es ist erstaunlich, wie sich mit dieser Sehweise das eigene Leben ändert. Wohl auch der Umzug in ein fremdes Land den distanzierten Positionsbezug erleichtert. Es beginnt eine Wanderung in unvorhersehbare Abenteuer, gleich einem Forscher voll Wissensdurst und ohne zerstörende Waffen. Der Anspruch auf Macht auf andere Schicksale verflüchtigt sich, aber mächtig spürt man selbst das Schicksal. Und hinter allem menschlichen Gehabe schimmert eine grundlegende, höhere Instanz. Durch das Betrachten aus Distanz sieht man erst wieder den Horizont und darüber. Was füllt wohl diese Unendlichkeit? Nichts und alles. Ein wahrer Trost in unserer chaotischen Zeit, in der mit aller Überheblichkeit alles machbar sein soll und in aller Ehrlichkeit weniges tatsächlich verbessert wird, ohne irgendwann unerwartete Folgen zu zeigen. So erscheint nur der Augenblick als wahr. Diese flüchtige Wahrheit zu sehen, zu erleben und festzuhalten wird von Fall zu Fall zu einem Fixpunkt im wildbewegten Übergang ins Jahr 2000.

Eine klare Wahrheit, bestimmt keine romantische. Doch besteht die Wahrheit selbst nicht wieder aus unendlich vielen Wahrheitsatomen in ständiger Bewegung? Die Wahrheit zu besitzen ist somit unmöglich. Die Wahrheit zu sehen, zu erleben und festzuhalten in einem integrierenden Augenblick, das ist unsere einzige Präsenz, die zählt. Es ist das einzig erfassbare Ganze in Raum und Zeit. Am Ende dieses Jahrhunderts und am Abend meines Lebens möge dieser Glaube hinübergehen ins 21. Jahrhundert. Irgendwo auf einem kleinsten, gemeinsamen Nenner muss die Zukunft gestartet werden. Kleine Geschichten über Mitmenschen und Natur sind der Bodensatz im Filter des kleinsten Nenners.

Vollmond über Castiglione Tinella

Vollmond ...

Wenn nach den Stunden zwischen Hund und Wolf die Abenddämmerung auf die Hügel kriecht, in spielerischer Folge die Lichter auf den Plätzen und in den Fenstern zu leuchten beginnen, ist der brummige Arbeitslärm heimgekehrt in die Gehöfte. Es wird atemlos still im Land. Hie und da ein spätes Auto und das Anschlagen eines Hofhundes. Das Crescendo der musizierenden Grillen nimmt mit der Dunkelheit zu. Der Sitzplatz ist mit Räucheröl und Duftkerzen umstellt und leuchtet gleich einem Altar. Opferplatz für Mücken und Zanzare.

Das ist die Zeit, bei einem guten Glas Wein auf den Vollmond zu warten. Das ist die Stunde der Metamorphose zwischen den Realitäten des Tages und den Träumen der Nacht, in der die harte Kruste des verpuppten Herzens aufbricht und der romantische Schmetterling der Erinnerungen die prächtigen Flügel entfaltet.

Aus der bleiernen Dunstwand der abklingenden Hitze des fernen Apennins schleicht langsam eine blutorange Riesenkugel in die klare Sternennacht. Je höher sie steigt, desto kleiner wird die Form und desto blasser wird die Farbe, bis ein silberner Himmelstaler die Nacht prägt. Die Silhouette des Dorfes gegenüber ist dunkel und ausgeschnitten aus dem Firnament. Sant'Andrea und die neuere Kirche der «Sacra Familia» sind vom Dorfplatz her in ein gelbrötliches Flutlicht getaucht, warme Farbtupfer im Gegensatz zur Spiegelscheibe des Mondes, dekoriert vom feinen Scherenschnitt der grossen Libanonzedern im Garten des Herrschaftshauses Bovio. Südlich lau weht ein Lüftchen, macht die Seele leicht und ferienfromm. Man schaut und existiert, einfach so. Ohne Ziel, mit dem Ziel, ein Stück Himmel zu schauen. Vollmond über Castiglione Tinella. Pensioniertensehnen im Trott eines helvetischen Lebensabends.

Mond – erinnere uns an die Stunden, als ein verliebtes Herz aufgeregte Bocksprünge vollführen konnte, bis die Brust schmerzte! An eine Zeit der Jugend, die nun langsam dem Horizont zuwandert, um zu versinken. Wir sind trockenes Holz geworden, das sich der Harztränen schämt, die aus den Narben der Schicksalschläge quellen. Ein Holzwurm der Ängste um eine garantierte Sicherheit in der Zukunft nagt in uns und macht uns unzufrieden und friedlos. Lass uns daher dein ruhiges Scheibengesicht sehen und alle flimmernden Bildschirme vergessen, die Unglücke und Verbrechen in unsere Stuben melden oder auf denen man um die Welt «surft», auf der Suche nach Wissen und Erkenntnis. Als ein zeitgenössischer Kolumbus auf der Reise nach einem neuen Kontinent des Glücks, des täglichen Elends und der alten Welt müde. Vollmond – lass uns an deiner vollendeten, geschlossenen Form teilhaben, in stiller, meditativer Anteilnahme des Seins, denn bereits morgen wirst auch du eine stetig abnehmende Grösse sein. Deine gesundheitliche Delle wird mit jeder Nacht ersichtlicher. Aber, tröstlicher Mond! Symbol des Lebens! Abnehmend bis zum Nichts, um wieder zuzunehmen bis zum Ganzen. Immerwährend.

Entre chien et loup

«Der Tod wird kommen und wird deine Augen haben. Deine Augen werden ein leeres Wort sein, stummer Schrei, ein Schweigen.»
1950 Cesare Pavese

Tiriamo avanti

Die Weinlese in den Hügeln von La Morra bis Rochetta Tanaro ist vorbei. Das Laub fällt mit den aufkommenden Winden. Zurück bleiben die winterfesten Gerippe, in waagrechten Reihen gegliedert, in abgekanteten Parzellen, strukturiert durch die senkrechten Pfosten und Stecken im gleichmässigen Rhythmus der Rebstöcke. Die satten Farben sind verschwunden. Die Erdtöne klingen die Winterzeit der Ruhe, aber auch der Stürme ein. Falls einmal die Himmelsdecke bis zum Horizont aufreisst, lassen die frisch eingeschneiten Gipfel etwas von kommender Kälte ahnen.

Auch in der Poebene ist die Ernte eingebracht, Mais und vor allem Reis. Im September brannten in langen Flammenreihen die Stoppelfelder. Rauch wogte über die Weite wie der berüchtigte Nebel. Mit schwarzen Bändern, gleich liegenden Zebras, warten die Ernteleichen auf den Umbruch. Dirigent bleibt die immerwährende Natur.

Dieses Jahr sind die Bauern zufrieden. Als Überschrift steht in der «La Stampa»: «Weinlese gut, Trauben teuer.» Nebbiolo bis Barolo bis zu 30 000 Lire das Myriagramm. Die Lese konnte kurz vor der ersten Regenperiode beendet werden. Die Hagelwände sind knapp vorbeigezogen. Die Schäden sind dieses Jahr gering. Vor zwei Jahren sind zu Beginn der Blüte in den Talsohlen die Rebstöcke regional erfroren, wurden zu schwarzen Astspinnen an den flachen Hängen.

Die Pflanze erwartet aber über das ganze Jahr dieselbe Pflege wie bei normalem Wachstum, soll sie sich erholen. Schlimm sind die Hagelschäden, meist kurz vor der Lese. Ebenfalls ein Jahr Arbeit für nichts. In solchen Zeiten hört man fernweg die Hagelkanonen verzweifelt schiessen. Nicht alle Winzer sind versichert, denn viele Schadenmöglichkeiten sind zu decken. Alles zu versichern, frisst das Einkommen. Was, wie viel und überhaupt ist zu versichern?

Es erstaunt immer wieder, mit welcher Gelassenheit Schicksalsschläge der Natur hingenommen werden. Selbst einfache Leute, ohne nennenswerte Absicherungen über ein eigenes Bankkonto oder über Policen, reagieren ruhig. «Tiriamo avanti!», das schweizerische: «Schau vorwärts, Werner, und nicht hinter Dich!» Von dieser Geisteshaltung ist in Wohlstandsländern wenig geblieben. Der eigene Lebensmut wird weitgehend stabilisiert durch den Wohlfahrtsstaat und das Wissen, gegen fast alle Fährnisse gesichert zu sein – solange man bezahlen kann. Hier liegt das fundamentale Problem: bezahlen können. Kein Wunder, haben heutzutage viele Mitmenschen ihre Gelassenheit verloren. Was bleibt, wenn man nicht mehr bezahlen kann?

Dies ist ein politische Frage – oder könnte es möglicherweise auch eine kulturelle Frage sein? Schauen wir hoffnungsvoll vorwärts. «Tiriamo avanti!» Vielleicht wachsen auf Schuldenbergen neue Reben.

P.S. Während ich diese Zeilen schrieb, goss es draussen wie aus Feuerwehrschläuchen. Manchmal zuckten Blitze im Nebel. Ahnungslos sass ich, während sich die Jahrhundertkatastrophe Italiens im Süd-Piemont ereignete.

Drei Tage keine Elektrizität, immer noch kein Wasser in den Leitungen bei solchen Sintfluten. Die Nachbarstochter ist auf der Heimfahrt nach der Arbeit in Alba im Auto fast ertrunken. Irgendwo steht der Fiat im Schlamm. Ihr dreiundzwanzigjähriger Arbeitskollege dagegen wurde weggeschwemmt und ist tot. «Schicksal», sagt die Nachbarin nachdenklich. Eine sieben Meter hohe Flutwelle hat die Sohle des Belbotales zerstört, Po und Tanaro setzen Städte unter Wasser, zurzeit bis hinein in die Lombardei. Weiterungen sind noch nicht abzusehen, denn es regnet wieder. Die vorläufigen Schätzungen lauten auf fünf Milliarden Franken Schaden und um hundert Tote. Tausende sind obdach- und arbeitslos. Viele haben alles verloren, unversichert bei noch ungesicherter Staatshilfe über Sonderkredite. «Armes Piemont», kommentiert Frau Ariano mit traurigem Gesicht. Die Gunst des Schicksals ändert sich schnell. Gelassenheit braucht starke Seelen.

Das Laub fällt mit den aufkommenden Winden

Alltags-Helden

«Gebt uns nur etwas Geld, und wir beginnen wieder von vorn», sagte Pietro N. im RAI UNO. Einer von vielen, der bei der Unwetterkatastrophe alles verloren hat. Seine weinende Frau nickt tapfer. Die Toten sind begraben. Der ungedeckte Schaden erfasst. Hier sitzen zwei bescheidene Alltagshelden der Hoffnung.

Wieder zurück in der Schweiz, geraten wir in den weihnächtlichen Rummel. Jahresende! Der Fächer der Probleme, publiziert und kommentiert, ist uns vertraut. Steigende Preise, Einkommen nicht mehr automatisch angepasst, wenigstens nicht nach oben. Die politischen Administrationen versuchen sich in Sparübungen (zumindest hier bescheiden), provozieren sofort Widerspruch. Der Nachtragskredit kommt sicher, dafür sorgen die Gegenseiten. Die Konjunktur auf dem Lettenareal in Zürich wird aufgelöst, d.h. örtlich und finanziell verlagert. Die Zahlen der frustrierten Minderheiten bleibt steigend, somit auch die Hilfsgelder. Die Sanierungen der AHV- und Arbeitslosenkassen werden erfolgreich zerredet. Tapfere Lösungen? Wozu, so kurz vor den Wahlen. Dabei erfährt mancher Normalverbraucher Monströses. Ich zum Beispiel: Für die Belegung eines Zimmers in einem Basler Leichtpflegeheim wird monatlich 7300 Franken verrechnet. Wer alles in der Schweiz verdient so viel, vor allem über die Renten? Neben dem Abbau über Eigenerspartes erfolgt die Bezahlung durch diverse öffentliche Zuschüsse und Sonderzulagen. Flickwerk, das sich mit den Kosten stetig ausweitet ... Wir leben, koste es was es wolle. Die Italiener bauen eine Arche für zwei Sintfluten, wir Schweizer bauen zwei Kreuzfahrt-Dampfer für eine Sintflut. Alles einen Hauch selbstzerstörerisch.

In einer Zeitung lese ich, dass sich eine sogenannte Leitfigur – ein Rockstar, «Sprachrohr einer Generation» – im April erschossen hat. Finanziell sehr erfolgsverwöhnt, ging es ihm offensichtlich seelisch miserabel. Darüber täuschte seine «ideale Besetzung für einen Jesus-Film», sein angebliches Jesus-Gesicht. «Tote Propheten gehören allen», steht als Schlagzeile. Selbstmörder, Tote? Ist das wirklich ein «Held einer ganzen Generation»? Leider findet sich ein Körnchen Wahrheit. Man will besitzen, was «mein» egozentrischer Wohlstand begehrt, um sich zu zerstören, weil «mein» Wohlbefinden unerfüllbar bleibt. Begierden und Emotionen zu wecken, ohne gleichzeitig einen eigenen seelischen Halt zu fordern und zu fördern – Anwesende ausgenommen.

Abends im Fernsehen wird ein anderer Rock-Sänger interviewt. Er wurde während eines Monsterkonzertes mit einem Messer ins Herz gestochen. Keine Ahnung, warum. Einige Monate im Koma folgten, fast unausbleiblich mit gesundheitlichen Schäden. Ein Wunder, dass er vor uns sitzt. Eine Botschaft, was er sagt. «Sie haben mich wieder zurückgeholt. Es war wie eine Wiedergeburt. Ich möchte Euch sagen: das Leben ist schön! Es lohnt sich, Tag für Tag intensiv zu leben.» Der morbide Hauch des Selbstzerstörerischen verweht. Hier sitzt ein bescheidener Held der Hoffnung. Ein lebender Prophet fürs neue Jahr.

Gebt uns etwas Geld und wir beginnen wieder

Forderung und Bitte

Herbst ist die Zeit der Ernte. Dieser Zyklus entspricht dem ländlichen Leben. Der Städter wünscht eine gesicherte und regelmässige materielle Ernte übers ganze Jahr. Höhere Schicksalsmächte und natürliche Risiken werden im Denken ausgeklammert. Das industrielle Zeitalter hat eine Zweiteilung in eine natürliche und in eine konstruierte Umwelt gefördert, mit grundsätzlichen Unterschieden in der Überzeugung, dass durch unsere zivilisatorischen Errungenschaften das Schicksal und die Natur manipulierbar sind. Für den städtischen Menschen ist in dieser Zivilisationsnatur theoretisch alles machbar, lediglich eine Frage des Willens, des Könnens, des Forderns und des Versprechens. Wir steuern die Prozesse. Bei Versagen sind die Fehler analysierbar. Köpfe rollen, Kosten werden redimensioniert und die Organisation wird rationalisiert. Alles im Griff. Denkste! Unsicher bleiben der Weltmarkt, die Devisen, die politische Lage, nur um an einige Punkte zu erinnern. Wissenschaftlich fundierte Analysen sicher wie Horoskopversprechen. Publizierte Gebirge von Blablabla, Wüsten von klarem Weitblick, Bibliotheken von gegensätzlichen Wahrheiten. Doch dies genügt: Je harmonischer die Abstimmung unter der städtischen Bevölkerung gelingt, desto stabiler verläuft das Leben in der Gesellschaft.

Auf unseren piemontesischen Hügeln käme kein Winzer auf die Idee, für das ganze Jahr idealste Arbeitsvoraussetzungen zu fordern, weder von der Gesellschaft noch von Gott. Vielleicht mal ein heimlich gespendetes Kerzlein in der Kirche, ein stilles Gebet um des Schicksals Gunst und ein formelles Gesuch um Subvention. Aber Ernte und Einkommen liegen nicht allein im Ermessen und in der Machbarkeit des noch so willigen Menschen. E così. Umso glücklicher feiert man jeden Gewinn in Dankbarkeit. Ein Vino rosso und Gläser! Selbstverständlich wird gewettert und die Welt verbessert. Nichts ist, wie es sein sollte, man sollte es ändern. Bürger, Bauer, Sozialist – was hat das mit dem schönen Barbaresco zu tun, der gerade eingeschenkt wird? Jedem wünscht man: Salute! Gesundheit! Und dass auch im neuen Jahr die

Natur wieder freundlich kooperieren möge. Denn hier weiss man: nicht alles ist machbar. Je harmonischer die Abstimmung mit der Natur gelingt, desto stabiler verläuft das Leben des Landbewohners.

Ein Tropfen Bitternis

Beim Öffnen der Fensterläden verschlägt es mir beinahe den Atem. Was für ein blendend schöner Morgen! Nach wochenlangen, trübseligen Grautönen wirkt dieser wolkenlose Himmel und die strahlende, noch tiefstehende Sonne überwältigend. Schweift der Blick über das mächtige Einzugsgebiet des oberen Po, steht dahinter auf zweihundert und mehr Kilometern der Kranz der Alpen. Wie Wellen, die an einen Strand schlagen, kommen die Hügelketten zu meinen Füssen auf mich zu. Die Niederungen sind noch eingewattet unter den hellen Nebelbänken. Auf den Höhen blinken, Schaumkronen gleich, weisse Schlösser, Kirchen und kleine Städte. Die Berge sind frisch eingeschneit, und so erscheint die Perlenkette der Viertausender wie die Brandung an einem Riff vor einsamer Insel. Mon Viso, Gran Paradiso, Mon Blanc, Matterhorn, Monte Rosa und wie sie alle heissen mögen, nach nur zwei bis drei Faltungen steil ansteigend aus der Tiefebene. Ein erstarrtes, lautloses Wellentosen in einer monumentalen Bucht für Giganten. Wenn ich den Kopf nach rechts drehe, zeigt sich mir der kleine Ort Castiglione Tinella im Morgenkleid. Die Häuser stehen dichtgedrängt auf dem Gratkamm, auf der anderen Seite des steilen Tales. Vom hohen Kirchturm erklingt die seltsame Melodie der Glocken, die zur Messe rufen. Heute ist Feiertag. Hie und da tönt Hundegebell, kaum menschliche Geräusche. Die Rebhänge sind leer und winterlich, mit der disziplinierten Graphik der Stickel und Stecken geschmückt. Weit ist der Horizont und mächtig die azurene Kuppel des Himmels. Es ist sehr friedlich.

Irgendwo hinter dem letzten Berg-Wellenkamm liegt die Schweiz. Sie beginnt ungefähr neben dem Massiv des Grand Combin beim Grossen St. Bernhard und endet in der Gegend der Bernina-Gruppe und des Veltlins, bevor die Bergkette abtaucht in der Ferne. Irgendwo gegen Österreich und dem Südtirol. In meiner Phantasie baut sich ein transparentes Gebilde auf, in den Wellen der Alpen reitend, vom Combin bis zur Bernina, ein Schiff, eine heimelige Arche, eine Arche Schweiz über der

Sintflut ethnologischer Strudel. Von meinem italienischen Refugium sehe ich das Gebilde schwimmen, verankert zwischen Frankreichs Grandeur und donau-monarchischer Vergangenheit. Eine Arche, in der Wohlstand und langjähriger Friede gelagert ist, gleich alten Weines. Kostbar, aber teilweise ohne Bouquet, innerem Feuer und Bodensatz, wie es bei überlagertem Burgunder geschehen mag.

Für viele Fremde verheisst diese Arche Schweiz ein erstrebenswertes Refugium. Meines liegt im Ausland, im Südpiemont. Schicksalerfahren träumt jeder von einem andern Land und ersehnt sich ein zukünftiges Glück. Hilft dir keiner, so hilf dir selber. Wie kaum zuvor ist die Erde überschwemmt mit Ungewissheit und Leiden. Sintfluten von ungelösten Schwierigkeiten nah und fern. Blicke ich entlang der grossen Po-Ebene nach Osten und fahre mit dem Finger auf der Landkarte über Venedig und die Adria hinaus, vermeine ich das Dröhnen der Kanonen und das giftige Geknatter der Gewehre zu hören. Das Stöhnen der Getroffenen. Über vierzig Kriege gibt es zur Zeit weltweit. Gelernt hat die Welt nichts. Höchstens gescheiter Schwatzen.

Auch nach zwei Weltkriegen in einem Jahrhundert spielt sich alles nach altbewährtem Schema ab. Besitzt einer einmal den Status eines Leithammels, dürfen er und seine Kumpane ihre Ideen verwirklichen bis hin zur kriminellen Handlung. Der Normalverbraucher hält sich an die vorgeschriebene Freiheit. Höchste politische Autoritäten werden gemäss ihrer Stellung beurteilt und geehrt, geniessen alle Vorzüge der Zivilisation unseres Jahrhunderts, in Genf, New York, in Brüssel. Das wahre Leiden wird delegiert. Wenn erst einmal in den Familien die Toten zu beweinen sind und die ersten Krüppel betreut werden müssen, eskaliert der Hass von alleine. Diese Automatik erfüllt sich unumstösslich. Ich denke an ein beispielhaftes Mostar, wo die Religionen und Sippen friedlich zusammenlebten, bis irgendeiner das Gegenteil befahl. Die Toleranz wurde zu Grabe getragen. Grässlich spielt diese grassierende Dummheit des homo sapiens. Wo bleiben die «sauberen Richter von Mailand»?

Eigentlich ist Weihnachten. Wie sprach vor zweitausend Jahren der Engel? «Fürchtet Euch nicht! Siehe ich verkündige Euch grosse Freude, die allem Volke widerfahren wird, denn heute ist Euch der Heiland geboren. Ehre sei Gott in der Höhe und Frieden auf Erden!» Wann nur mag dies wahr werden? Ich blicke in die Runde und in Richtung Osten, wo der Blick sich ohne klare Begrenzung verliert. Da fällt ein Tropfen Bitternis in diesen wunderschönen Tag.

Wie die Brandung an einem Riff

Prognosen

An die Realität einer verkehrten Welt hat man sich im Laufe eines Lebens gewöhnt. Die natürliche Welt wird zur verkehrten Welt, wenn man diese in Beziehung setzt zur Kunstwelt der Menschen. So lässt man sich immer wieder beeindrucken von den enormen Fortschritten der Computertechnik, von der gedankenschnellen Information durch Datenautobahnen, vom softwaregesteuerten Fliegen fast ohne Beihilfe der Piloten, vom todsicheren Auftreten der Spezialisten der modernsten Techniken. Als gutgläubiger Laie staunt man zwar ob der Nasa-Pannen und der leichten Einstiege von kriminellen Hackern in topgeheime Codes. Als pensionierter Normalverbraucher bemerkt man, dass die Markt- und Trendprognosen der Gurus, im Speziellen in der Börse, meistens anders kommen, als man denkt. Somit ist ohne gute Rente vom Kapital X leben zu müssen ein reines Glücksspiel wie Lotto. Bingo – und man fährt nach Tahiti, aber meistens bleibt man zu Hause und studiert wieder Prognosen. Doch auch andere Wissensgebiete sind so sicher wie das Krähen des Hahnes auf dem Mist. Angekündigt wird zum Beispiel schönes Wetter, trocken und kalt. Irgendwo auf dieser Erde stimmt diese Prognose bestimmt. Aber nicht hier im Südpiemont; ich habe mir eine Schneeschaufel kaufen müssen. Sonst ist an ein Wegkommen von unserem Haus nicht zu denken. Auf nur etwa 410 Meter über Meer und 200 Kilometer südlich der Schweiz. Seit Tagen und entgegen aller Vorhersagen mittels Satelliten, Tausenden von Bodenstationen, Computersimulationen und CAD-Karten eine ziemlich verkehrte Tourismuswelt. Es schneit ungehörigerweise unwissenschaftlich und ausgiebig. Da die Temperaturen um null Grad pendeln, setzt die weisse Pracht an und schmilzt nur langsam weg. Hervorragend für die Bewässerung der Weinberge. Wenigstens das.

Die Landschaft präsentiert sich als farbloser Flickenteppich mit aufgesticktem, schwarzem Filigranwerk. Im Gegensatz zum Fango bei Regen können die Winzer auf dem Schnee arbeiten. Sie schneiden die Reben zurück auf eine, maximal zwei

Ruten pro Stock. Der Abfall von Geäst liegt lose gebündelt auf dem Boden, bis an einem trockenen Tag die Feuer überall rauchen und brennen werden. Frühlingsbeginn. Rauchzeichen der einfachsten Technik, wie sie Bill Gates Ahnen benutzten, bevor sie den hoffnungsvollen «Weg nach vorn» antraten. Wenigstens das.

In der Realität unserer verkehrten Welt ist es eben oftmals unmöglich zu erkennen, was richtig, verkehrt, richtig verkehrt oder verkehrt verkehrt ist und sein wird. Unmittelbar richtig ist nur die Realität des Augenblicks. Und diese Wahrheit stimmt wie eine Wetterprognose.

Sparvariante Bescheidenheit

Heute war ein prächtig-heisser und selten klarer Tag. Die Sicht ins Piemont und in die Lombardei war aussergewöhnlich. Obwohl unser Hügelkamm nur um 400 m über Meer liegt und das überblickbare Gelände alles andere als nur flach ist, erfasse ich eine bergumkränzte Fläche von fast 40 000 km. Fast die gesamte Schweiz findet Platz in meiner «Übersicht». Verwirrendes Gefühl. Doppelsinnig: allerdings nur bei Prachtswetter. Heute geht die Sonne blutrot hinter der Scherenschnittsilhouette des Gran Paradiso unter. Die markante Pyramide des Mon Viso zeigt gegen den Abendstern. Hier entspringt der Po, der nach 652 km in die Adria fliesst, der bereits in Turin lediglich 210 m über Meer bummelt. Diese krassen Gefällsunterschiede suggerieren den Eindruck einer gewaltigen Arena der oberen Poebene. 10 bis 12 Millionen Menschen wohnen hier. Wie viele Schicksale schaue ich da gleichzeitig, ohne sie erkennen zu können? Wissen Sie, wie man sich dabei sehr klein und bescheiden fühlt?

Mit dieser Aussicht von unserem Haus verbindet sich auch eine Wolkenschau. Könnte man theoretisch alle Wolkenbilder über der Schweiz zusammennehmen zu einem Bild, wie wäre das überwältigend! Oft sitze ich auf meiner kleinen Aussichtskanzel und träume in den Himmel. Die Unendlichkeit wird unendlicher; die Wolkenmassen modelliert ein unsichtbarer Meister. Eine Pracht, die als Gegenstück den stillen Nachthimmel mit der Unzahl blinkender Diamanten kennt. Ahnen Sie, wie man klein und bescheiden wird?

Na – und dann trifft Post ein und abends flunkert das Fernsehen. Fort sind Wolkenschau und philosophischer Blick ins Land. Diese Millionen unsichtbarer Menschen melden ihr Schicksal und fordern Lösungen, Wohlbefinden, Freiheit und Sicherheit für jeden. Weggewischt und vergessen ist alle Bescheidenheit. In welchen utopischen Grössen viele glauben, was machbar und möglich ist, unterteilt in wünschbar und notwendig, erinnert an ferne Tage, als Feen noch Banken, Politiker und Unternehmer ersetzten. Machbar, doch – bitte schön – eine reine Zeitfrage von nun an bis zum St. Nimmerleinstag.

Glauben, dass alles machbar ist, macht heute selig. So produziert man tonnenweise Programme, Formulierungen, Forderungen, Abstimmungen, Gesetze und Vorschriften, denn am Anfang war das Wort wohl im Glauben, dass man pseudoparadiesische Weltverhältnisse hinkriege. Schöne, neue Welt!

Leider kümmert sich die Realität wenig um Ideale. Plaudereien und Diskussionen am Kaminfeuer des Schicksals vergehen mit dem Erlöschen des Feuers. Wohlbefinden wird eine Frage des Bezahlenkönnens. Den florierenden Wahlversprechen gemäss kriegen alle Aspiranten der Macht unsere Sorgen noch besser in den Griff. So alt wird keiner, um dies erleben zu können.

Wie sagte schon Meister Busch: «… jeder Wunsch, der Dir erfüllt, kriegt augenblicklich Junge!» Wie wahr. Daher ein Vorschlag zur Tat: sich allseitig zu bescheiden und weniger an die Schöpfer- und Machergötzen im Menschen zu glauben, wäre dies auch ein Glaubensweg? Nur ist Bescheidenheit aus einer Notlage (siehe Staatsfinanzen) nicht dieselbe wie die Bescheidenheit als Folge einer philosophischen Lebenshaltung. Doch unsere Denkweise steht Tag um Tag schwarz auf weiss in den Wirtschafts- und Boulevardblättern. Gemäss Fachleuten wird sich die Konjunktur um Bruchteilprozente verbessern, wenn der private Konsum wieder üppiger würde. Statistisch. Konsum aber frisst Ressourcen. Ressourcen werden unwiderbringlich verbraucht. In solch konfuser Logik soll unser Heil der Zukunft liegen?

Mein Slogan «Bescheidenheit» ist ein schlechter Wahlslogan. Ich muss nicht mehr gewählt werden. Seit meiner Pensionierung aber lebe ich diesem Motto entsprechend, aber andere Pensionierte könnten meine Worte viel besser bestätigen. Unsere Mitmenschen in bescheidenen Verhältnissen sind für einmal die wahren Experten.

Die markante Pyramide des Mon Viso

MONVISO   HEINZ WASER 96

Überwintern

Im Südpiemont hat sich die Natur, nach der November-Sintflut, anfangs Jahr wieder menschenfreundlich gezeigt. Öfters sieht man die verschneiten Bergketten. Wer sich da in der Schweiz wohl alles tummeln mag auf Pisten und Barhockern? Die Rebbauern gehn durch die Reihen ihrer Rebberge und schneiden die dürren Weinstöcke zurück. Mit geübtem Auge wird der vielversprechendste Trieb stehen gelassen, auf etwa einen Meter gekürzt und wie ein Pfeilbogen über die Drähte gespannt. Mit schnellen Drehbewegungen wird die Rute mit Weidenzweigen an die Drähte zwischen den Pfosten fixiert. Alles übrige fällt dem Feuer zum Opfer, das auf einem Weg raucht.

Kurz vor Weihnachten floss wieder Wasser in allen Leitungen. Damit hat in den Hügeln der normale Alltag des Szepter übernommen. In den Tälern werden die Wunden und Narben der Wasserkatastrophe dieses Normale noch lange überschatten. Aber trotzdem zieht es meine Frau und mich magnetisch in den Süden.

Immer wieder werden wir gefragt – «entschuldigt die Offenheit!» – ob es nicht ein naiver Fehler sei, sich im Alter derartig ins Unbekannte abzusetzen. In die Fremde, ohne die alten Freunde, neue Sitten, abgeschnittene Wurzeln. Vor wenigen Jahren habe ich ebenso gedacht. Aber ein Aha-Erlebnis und der Reiz eines neuen Abenteuers nach der Pensionierung haben ein Umdenken bewirkt. Aber diese Geschichte ist einen eigenen Blickwinkel wert. Ein bedenkenswertes Beispiel in Bezug auf Altersgestaltung sei lediglich erwähnt. Ab November verschwinden einige runzelige Gesichter, die sonst vor den Häusern in der Sonne sitzen oder etwas ziellos herumspazieren. Diese Leute sind abgereist, ans Meer. In Fischerdörfern mieten sie Wohnungen und leben in Wohngemeinschaften. Zusammengelegt reicht das knauserige Rentengeld, um einen Winter in gesundem und angenehmen Klima zu verbringen. In Alassio haben wir im Januar ein Refugium der Mittelklasse entdeckt. Ab morgens um zehn wimmelt es von allen Arten von Pelzen und Frisuren, auf dem hartgetretenen Sand in Stöckelschuhen der Dünung entlang trippelnd und auf der

Promenade wieder zurück. Wir in unseren Trainern waren exotisch deplaziert inmitten dieser Schaustellung bürgerlichen Bewusstseins. Aus den Gassen tönte Klaviergeklimper. «Man» ging zum Thé-dansant. Foxtrott, Polka, Kuchen. Ab 19 Uhr waren alle Gassen leergefegt und blieben still. Die Kellner sassen verloren in den Lokalen. Die Bedienung war überall hervorragend. Aber selbst dem einzelgängerischen Schweizer fällt es schwer, unter 20 Tischen den richtigen auszusuchen, so ohne jegliche Konkurrenz. Mit dem Beginn des Frühlings sind alle diese Wandervögel im Seniorenalter wieder zurück. Si Signore, es war wieder ein guter Winter.
Unsere Nachbarin hat es auf den Punkt gebracht: «Wenn ich sehr alt bin, gehe ich dort hinüber.» Und damit zeigt sie auf die andere Seite des Tales, auf das «Casa di Riposo», «Haus zum Ausruhen.» Oder lieben Sie eher die kaltschnäuzige Schweizerbezeichnung: «Altersheim»? Ich nicht.

Und schneiden die dürren Weinstöcke zurück

Valle delle Roche
C. Coccina

Beppe, Vizeammann

Kennen gelernt habe ich Beppe zufällig. Meine Frau und ich assen einmal eine Kleinigkeit zu Mittag in einer Trattoria, das heisst auf italienisch lediglich vier bis fünf Gänge, Wein und Brot. Das Lokal heisst «Campagna Verde» und liegt gegenüber der Wallfahrtskirche «Santuario Madonna del Buon Consiglio». Im Hintergrund des Raumes liessen drei Herren immer wieder auf einem Transistor eine kurze Probekassette laufen. Ein Trio sang piemontesische Lieder. Da ich just für eine Freundesgruppe ein Festchen organisierte, wenn möglich mit Musik, fragte ich die Wirtin nach den Namen. Abends standen die drei Männer vor unserem Gartentor. So lernte ich Beppe kennen. Seither haben Beppe, Valter und Aldo schon einige Male für uns gesungen. Valter spielt dazu Gitarre; Aldo spielt virtuos Akkordeon, und da seine Frau Spanierin ist, auf Wunsch mal auch einen richtig seufzend gezogenen Tango. Beppes Tenor erkenne ich heute blind, eine klare, helle Naturstimme.

Beppe ist Vizeammann in Castiglione Tinella. Unter anderem betreut er das Strassennetz, das während der letzten Unwetterkatastrophe arg gelitten hat. Schon für über 300 Millionen Lire hätten sie es bisher repariert und es fehle noch einiges. Es fehle eben das Geld. Der Staat hat Hilfe versprochen. Dabei ist es geblieben. Für die Gemeinden erfolgten kaum nennenswerte Zahlungen, für die Privaten gar nichts. «Italienischer Staat, comme? Kaputt!» Beppe ist Sozialist wie sein Vater, aber er hat bei den letzten Wahlen für die Lega Nord gestimmt. Hoffnungen, die sich nicht erfüllten. Bei den nächsten Wahlen hat er keine Ahnung, wem er jetzt die Stimme geben soll. Es ist niemand da. Und so ergeht es allen. «Che miseria».

Bei den Arbeiten hat sich Beppe mit der Fräse in den linken Handrücken geschnitten, bis auf die Knochen. Beim Aufzählen der grausigen Verletzungen versagen meine Italienischkenntnisse. Im Spital zu Asti hat ihn ein Professor zusammengeflickt, mit Metall, Faden und Gips. Kurz bevor ihm die Narkosespritze gesetzt wurde, stellten Patient und Arzt fest, dass sie die Gesangeskunst teilen. Na, in

Italien! Singend spritzt ihm Herr Professor das Betäubungsmittel Mit einem Blues, wie Beppe erzählt. Ein weiterer Chirurg tritt hinzu, in grüner Schürze und mit Mundschutz. «Auch ein Arzt?» fragt Beppe. «Nein, auch ein Sänger», erwidert der Doktor. Und damit schläft Beppe beruhigt ein. Die Hand in dickem Gipsverband rennt heute der Vize seinen Geschäften nach. Autofahren? Doch, das geht schon sehr gut. Mit der rechten Hand schalten, mit dem Gips das Steuerrad beschweren.
Beppe nennt mich mit eiserner Konsequenz «Dottore». Ich versuche ihm zu erklären, dass für den Doktortitel in der Schweiz ein strenges Prozedere und eine Dissertation vorgeschrieben sind. Von mir nicht erfüllt. Aber Beppe weiss es besser: «Sie sind doch ‹architetto›? Si? Also sind Sie dottore.» Und dabei bleibt's. Wahrscheinlich ist für Beppe jeder einigermassen geistig wache Schweizer dottore, denn üblicherweise sind sie alle miliardari. Warum, so fragt Beppe, kämen Schweizer ins Piemont, ausser sie wären gescheit und reich? Da nützen alle Korrekturversuche zur Realität nichts. Die Schweiz ist für die gebeutelte Piemonter Bevölkerung eine Variante des Garten Eden. Mit dieser Meinung ist Beppe ein typischer Sohn der Region. Dazu kommen Gesang und Unverwüstlichkeit in schiefen Lebenslagen.
Darum ist Beppe Vizeammann.

Der Haarschnitt

Es gibt heute zwei gegensätzliche Tendenzen des Erscheinungsbildes. Entweder man gibt sich ausgesprochen dekoriert oder man ergeht sich in einem ausgesuchten Lumpen- und Verwahrlostenlook. Doch der Begriff «Look» enthält in sich die Tendenz zur Uniformierung, obwohl die Absicht als Gegensatz zum eintönigen Krawatten-Manager-Look oder zum Jeans-T-Shirt-Look oder zum ganz gewöhnlichen Hemd- und Hosen-, respektive Rock- und Blusen-Look verstanden wird. «Look» bleibt Uniformierung in einer Stilrichtung. Und zur perfekten Erstellung der Ausgangsuniform benötigt man gewöhnlich viel Zeit. Wie Sie auf meinem Passföteli sehen, pflege ich einen ganz ordinären, schweizerischen Stil. Mit fortschreitendem Alter wird man vorsichtiger mit dem Einsatz der Eitelkeit. Beim Vorbeimarsch eines aufgedonnerten Exemplars des oberen Drittels der Alterspyramide fallen gleich entsprechende Kommentare. Meine Frau entwickelt mehr Toleranz mit der denkmalpflegerischen Inschutznahme: «Alte Kirchen muss man malen». Ich halte mich da eher an die Wahrheit: «Vo wiitem nöcher als vo schönem.» Daher bemesse ich bei mir selbst den Renovationsaufwand vielleicht zu knapp. Hie und da kriege ich somit den mahnenden Hinweis, dass ein Haarschnitt wieder einmal fällig sei. Ein grösserer Zeitbedarf ist zu reservieren. In Erinnerung an ein Erlebnis ist dafür mit Vorteil die halbe Stunde vor einer Hauptmahlzeit sehr zu empfehlen.
Meine Frau meldete mich morgens bei der Coiffeuse in Castiglione Tinella um halb elf an. Die junge, schlanke Unternehmerin hat am Hauptplatz des Dorfes ein kleines Lokal und eine grosse Marktlücke entdeckt. Bisher war man gezwungen, mindestens eine Viertelstunde nach Santo Stefano oder nach Castagnole Lanze zu fahren. Der Zeitgewinn ist aber lediglich hypothetisch, wie ich erfahren musste. Als Schweizer traf ich pünktlich vor halb elf ein. Aufgeregtes Stimmengewirr hinter dem Schaufenster liess mich Böses ahnen. Das Türklingeln und das Scheppern der leichten Glastüre im Eisenprofilrahmen, inklusive mein möglichst charmantes:

«Buon giorno!», verursachten ein betretenes Schweigen. Alles sah mich an; alles waren ausnahmslos weibliche Kundinnen unter Heizhauben oder beim komplizierten Haarschnitt. «Ah, Signor Hans!», rief die Chefin, «Sie erwarte ich erst morgen.» «Aber ich heisse nicht Hans, noch stimmt der Termin», wagte ich zu widersprechen, «meine Frau hat mich vorhin angemeldet.» «Ach, das sind Sie!», tönte es despektierlich. Es scheint Zeit zu werden, dass wir Männer selbstständiger handeln. Ich durfte mich auf eine abgewetzte, rote Plastikbank setzen, ganz am Ende. Das Geschnatter im unverständlichen Dialekt ratterte wieder los, und ich kam mir vor wie ein verirrter Kater in einer Volière. «Haben Sie Zeit?», fragte die im Rundumschlag arbeitende Haarkünstlerin. «Ja», hätte ich nicht sagen sollen. Es kamen noch zwei Damen, die unbedingt vor dem Mittagessen frisiert sein wollten. Ich, als einziges Exemplar des starken Geschlechtes hatte hier keine Chance. Ansonsten ist Italien eher patriarchalisch. Aber selbst ein Modell-Macho wie Tomba wäre kläglich disqualifiziert worden. Irgendwo habe ich gelesen, dass Männer nur so stark sind, wie die Frauen schwach werden. Ecco!
Um Viertel vor zwölf wurde ich zum Haarewaschen gebeten. Um zehn vor zwölf kam eine elektrische Tondeuse zum Einsatz. Rasender Verlust der Locken. Um fünf vor wurde der Föhn zum Frisurensturm angeschaltet. Um zwölf folgte der Spiegel: «Gut so?» Was soll ich sagen? Sie erwartet keinen Kommentar. Sie ist bereits an der Kasse. Um fünf nach zwölf habe ich bezahlt. Wenigstens ist der Preis mit 18 000 Lire angemessen. Der Haarschnitt asymetrisch, aber erstaunlich gekonnt. Mittagspause.
Nachmittags habe ich meinen Frust an den Eingangshecken mit der Heckenschere abreagiert. Die Büsche sehen aus wie ich. Ordinär schweizerisch mit einem Stich ins italienische «far niente».

Wie vielerorts hat die Landflucht eingesetzt

PARTENZA BAHNHOF CASTIGLIONE TINELLA

Infarkt

Er ist einer aus der pfiffigen Gruppe von Senioren, die irgendwo an der Mittelmeerküste überwintern. In Wohngemeinschaften. Sein Ort ist beispielsweise San Bartolomeo an der Riviera. Als wir an Ostern Besuch erwarteten und daher das Gartentor geöffnet liessen, hat er sich bei meiner Frau zurückgemeldet. Zwar werkelten wir beide im Garten – statt Eier suchten wir Unkraut –, aber da der alte Schwerenöter eine erwiesene Schwäche für Frauen hat, liess ich ihn kalt. Auch verwechselt er meine Frau ständig mit meiner blonden Schwägerin. Diese hat er einmal auf dem Spaziergang zwischen seinem Hof und unserem Haus getroffen und sie gleich zu einem Glas Wein bei sich zuhause eingeladen. Un' altra volta. An dieses so versprochene Happening hat er nun meine Frau erinnert. Scusi, aber es war meine Schwester, aber auch wir kommen gerne, un' altra volta. Das Problem liegt in der hintergründigen Absicht seines Enkels, uns von seinem Dolcetto verkaufen zu können. Obwohl Dolcetto der hier übliche rote Tischwein ist, können wir unmöglich so viel trinken wie wir Winzer berücksichtigen sollten. Leider werden in unserem Vaterland nur die Weinproduzenten grossflächig subventioniert und nicht die Konsumenten, eine echte Gesetzeslücke für den Wahlkampf im Herbst.

Signor Calidi heisst der obige Senior, mittelgross, etwas rundlich und mit dem zerpflügten Gesicht der hiesigen Winzer. Sein Name ist leicht zu merken wegen der Klangverwandtschaft zu einer schweizerischen Unterwäsche. Sein Alter pendelt zwischen 75 und 80. Erstmals bemerkt wurde er vor Jahren von vier sonnenbadenden, helvetischen Grazien. Auf tiefen Liegen im Bikini faulenzend, sahen sie im Rebberg zwei Beine unter dem Reblaub hin und her zappeln, auf der Suche nach dem besten Durchblick auf so viel weibliche Pracht. Richtig peinlich. Ich versuchte die Verlegenheit herunterzuspielen. Sind wir nicht auf der ständigen Suche nach einem Blick auf etwas Erfreuliches? Die Damen fanden leider diese Bemerkung eine echt männlich arrogante Ausrede. Somit wurde ich Delegierter und traf Signor Calidi in den Reben. Peccato, Signore – schade, aber mehr andante wäre besser gewesen als troppo vivace. Unser ihm irgendwie verwandter Nachbar hat sich feinfühlig der Sache angenommen. Signor Calidi ist seither gebändigt, gentleman-like. Die beiden bejahrten Herren sitzen nun auf dem Hügelchen oben beim Wegrand. Die besten Wachhunde, sei es den Verkehr betreffend, das Wetter und – nun etwas diskreter – das Geschehen in unserem Hof. Seit drei Jahren erzählt uns Signor Calidi, dass er vor acht Jahren einen Herzinfarkt durchgestanden habe und daher weder arbeiten noch weit spazieren könne, eben nur bis zu uns. «Winzer» und «Herzinfarkt» tönt fragwürdig.

Aber auch Signor Perrone hat Ende Februar «beinahe die Harfe gefasst», wie mein Sohn dieses Geschehen rekrutierungsmässig beurteilt. Bypass-Operation, notfallmässig. Dabei ist er ein Bulldozer von einem Kerl, was Wucht und Kraft betrifft. Erfolgreich und ehrgeizig. Er hat mir stolz zwei Fotos gezeigt; Perrone mit der regionalen Prominenz des Weines. Zuerst bloss in der zweiten Reihe abgelichtet, dann in der ersten Reihe, elegant hingepflanzt, in Schwarz gekleidet mit Krawatte, verquer wirkend wie ein malaysischer Kragenbär unter Pinguinen. Die Rehabilitationszeit verordnete ihm sein Arzt am Meer. Aber nach zwei Monaten sitzt er bereits wieder auf dem Traktor, auf dem Weg in seine Weinberge – seine Auffassung von Kur, sein Mammern.

Herzgeschichten. Ich habe sie mir beide zu Herzen genommen, aus Altersgründen und wegen der kuriosen Beziehung von Lebensbejahung und Todesnähe. Vielleicht gehe ich doch bei Calidis Enkel vorbei und besorge mir einige Flaschen Dolcetto. Nonno Calidi könnte so theoretisch auf weitere Nachmittagsmärsche verzichten zur Besichtigung von schweizerischen Schönheiten. Und sein Herz schonen. Senioren müssen zusammenhalten in Freud und Leid. Im Sinne der EU oder einer anderen Solidarität.

Blinde Häuser

Bei den Bauernhöfen und in den Dörfern sind fast alle Schlagläden zu, die Fenster dicht und man sieht wenige Lebewesen. Wenn man durch die Hügellandschaft der Langhe und des Monferratos fährt, glaubt man, durch ein Italien zu reisen, aus dem die Italiener ausgewandert sind. Blinde Häuser, wie so oft in südlichen Gefilden. Vielleicht hört man noch das Rattern der Traktoren in den Rebbergen, ein wütendes Hundegebell oder das Schlagen einer Kirchenglocke. Aber der Brauch will, dass übers Jahr nur gerade die benützten Räume mit Aussenlicht erhellt werden. Das offene Auge blickt meist aus der Küche. Im Winter wird die Kälte, im Sommer die Hitze abgehalten, Frühling und Herbst vielleicht die kriminellen Kundschafter, die prima vista nie sicher sind, ob die Liegenschaft bewohnt ist. Die marodierenden Zigeuner und die wandernden Marokkaner mit ihren Bauchläden voll Feuerzeuge und anderen Spezialangeboten im Sparpaket dagegen läuten oder betätigen die Türklinke. Man tut gut daran, bei Abwesenheit alle Öffnungen zu schliessen. Auch hier macht Gelegenheit Diebe, oft Diebesgut, das wir Schweizer eher mit Abscheu stehlen würden, wie alte Kleider und gebrauchte Bettwäsche und anderen Krimskrams des täglichen Bedarfs.

Doch wie vielerorts hat auch hier tätsächlich die Landflucht eingesetzt. Das freie Unternehmertum des Winzers mit allen unabsehbaren Risiken ist leider wenig nach dem Geschmack der modernen Wohlstandsgesellschaft – ausser beim Konsum natürlich! Die Jungen ziehen aus in die Fabriken und Büros mit geregelter Arbeitszeit und monatlichen Lohntüten – wie wenn das eine Arbeitsplatz-Garantie wäre. Die statistische Realität kennt andere Zahlen. Auf unserem Berg, der Region Brosia, gibt es auf über einem Dutzend Winzerhöfe keine Nachfolge mehr. Die Götter wissen, was nach dem Ableben der heutigen, bereits betagten Generation mit den prachtvollen Rebbergen an bester Lage passieren wird. Man kann nur hoffen, dass die Fensterläden der Güter nicht geschlossen bleiben, bis das Haus als Ruine stirbt.

Vielleicht, vielleicht kommt einmal eine nachindustrielle Zeit, die erkennt, dass Kommerz und Produktion nicht zwingend in den Menschenballungen blühen und das Leben lebenswert machen, sondern dass der Hände Arbeit auch ein unbedingt notwendiger Teil der zivilisierten Naturerhaltung geworden ist. Dann sitzen nicht bloss pensionierte Romantiker aus den Nordländern in den Hügeln und pflegen ihre Gärten. Wenn diese Einsicht überhand nimmt, schlägt hoffentlich die Natur weniger brutal zurück wie in der letzten Zeit, als Umtausch unserer Umweltsünden gegen ihre Urgewalt.

Ich frage, was ist eine Welt in materiellem Wohlstand, aber ohne natürliches Wohlbefinden? Ein blindes Haus in der Wüste.

Bis das Haus als Ruine stirbt

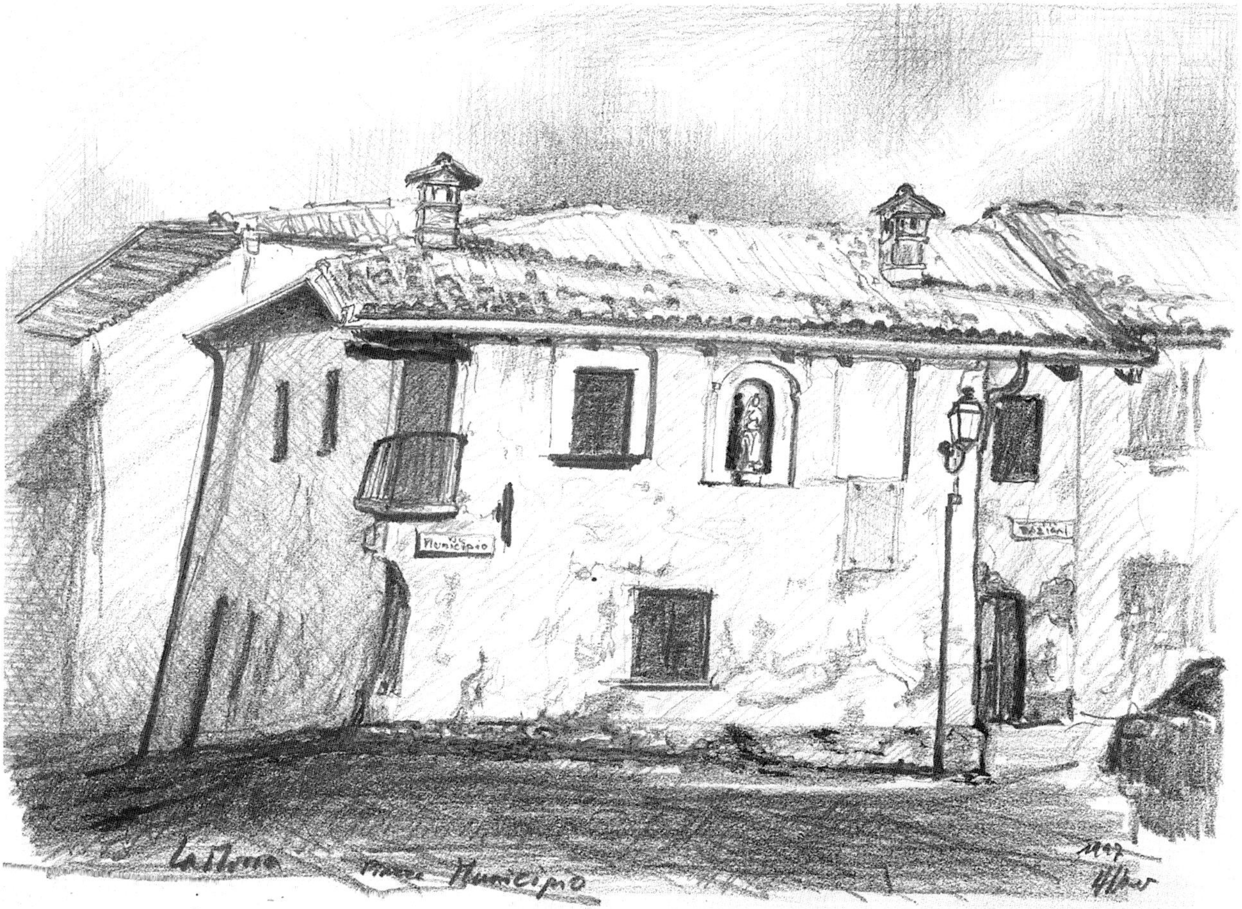
Municipio
Municipio

Flops und Tops

Der Frühling begann mit idealen Wetterbedingungen. Die Weinbauern munkelten bereits von der Möglichkeit eines Jahrhundertweines. Dann kamen leider heftige und sich repetierende Gewitterwochen. Nässe, kombiniert mit der immer stärker werdenden Sonne, liess die Gefahr von Pilzkrankheiten der Reben schlagartig ansteigen. In der Tat verkaufte man in dieser Zeit auf dem Markt ausserhalb der Saison frische Steinpilze. Des einen Freud, des andern Leid. Fast ununterbrochen ist die Gegend an trockenen Tagen vom Lärm der Spritzmaschinen und der akrobatischen Helikopterflüge erfüllt, die flächendeckend Funghizide spritzen. Beim nächsten Gewitter wird wieder alles ins Erdreich gewaschen, und die Spritzerei beginnt von vorne. Die grünen Blätter der Reben schiessen kräftig ins Kraut, zu Lasten der Trauben, die kümmerlich gedeihen. Das zu viele Laub wird mittels Handarbeit und Motorsensen wieder und wieder dezimiert. Viel Arbeit, viel Gift und Unkosten, dagegen wenig Ertrag. Die Bauern sind unzufrieden. Seit anfangs Jahr ist die Hochstimmung einer stillen Resignation gewichen. Zuerst die Überschwemmungen, nun diese Fehlentwicklung. Wir haben einfach Pech, Signor Svizzero.

In diesen Wochen lastet eine Gluthitze über dem Land. Sie lähmt Initiative und Fleiss. Letzte Woche hat sich Grossvater Perrone hingesetzt und ist einfach eingeschlafen. Für immer. War erst 86 Jahre alt. Was heisst da: «Immerhin!»? Schauen Sie sich nonno Dogliotti an; der wird 89 und arbeitet täglich in den Reben. Sagt lediglich, dass es mit 34 Grad im Schatten sehr heiss ist. Glauben Sie auch, dass sich das Klima verändert hat? Nicht mehr wie ehedem. Auch die Elektrizität fällt vermehrt aus. Das Netz ist wegen der Kühlaggregate überlastet. Weingärung mittels Hitze und Kälte, das Fleisch, Obst und Gemüse, vielleicht auch die vielen Ventilatoren für das Raumklima. Doch die Ferienzeit ist angebrochen; man reist ans Meer. Feragosto! Nichts mehr los in der Region bis anfangs September. Dann beginnt die Traubenlese und es kommen die Touristen aus dem Norden ins Piemont.

Unfreundliche Zungen nennen diesen zwei Monate dauernden Boom «Fress- und Sauftourismus». Alles überfüllt und die Preise höher. Die Einheimischen gehen ihren Geheimtipps nach, die weder in den Zeitschriften noch in den Fachblättern gross publiziert werden. Soweit reicht journalistische public relation nicht. Die letzten Anpreisungen erkennt man an den parkierten Autos und ihren Nummern. Anscheinend ist nichts leichter zu steuern als der wohlhabende Geniesser. Man ist doch «in».

Was soll's! Wäre das Wetter nur besser manipulierbar, so wäre man rundum glücklich. In den letzten Jahrzehnten hat sich der Lebensstandard im Südpiemont stark verbessert. Es gibt mehr Reiche. Natürlich nicht vergleichbar mit der Schweiz, un paradiso! Fast jeder Schweizer eine Bank! Aber mein lieber Freund Sergio, warum meinst du, sind wir ins Piemont quasi exiliert? Es scheint noch andere Gründe des Wohlbefindens zu geben als Geld, sogenannte Sicherheit und Sauberkeit und … Doch, das leuchtet Sergio postwendend ein. Péro dica, man weiss im Grunde so wenig über sein Nachbarland, vor allem über die alltäglichen Sorgen. Trotz aller journalistischen Anstrengungen. Schade – peccato!

Bitter und krank

Die Kolonien, die einst dem Westen die Schulden bezahlen mussten, sind seit dem letzten Weltkrieg alle verschwunden. Heute sind einige der ärmsten Länder angehängt an den Industriezug des Abendlandes und müssen mitgeschleppt werden. Andere haben erkannt, wie der Dreh der modernen Konsumgesellschaft läuft, und sind daher eifrigst daran, das bisher rudimentäre Wissen über Produktion und Handel zu perfektionieren. Konkurrenz, die erst richtig anläuft, wie zum Beispiel 1,5 Milliarden Menschen unter chinesischem Zentraldirigismus. Aber alle haben das Haushalten vergessen, zumindest verdrängt. Die Grundmentalität bleibt eisern erhalten: Produzieren und verkaufen, um besser zu leben und die staatlich garantierte, soziale Sicherheit zu steigern. Dass dabei weltweit in jedem Staat die Schulden ins Gigantische gewachsen sind, somit die Bilanz der jahrelangen Bemühungen negativ in die roten Zahlen weggerutscht ist, wurde allseitig bagatellisiert. Irgendwo gaukeln sich die Verantwortlichen immer noch Reserve-Kolonien vor, die die Löcher stopfen, aber diese Zeiten der schamlosen Ausnutzung von Mitmenschen ist vorbei. Wenigstens schon mal theoretisch. Realistische Wege aus der Misere kennt jeder und richtig keiner. Mit der Logik von Knappertsbusch: «Du hast keine Chance, also nutze sie!» So klammert man sich an Worte wie Solidarität, sozialer Abbau respektive Verzicht und an ein Recht auf «Ich-weiss-nicht-alles». In leicht hoffnungsloser Verzweiflung, bitter und krank.

Als origineller Einfall geht man in die Opposition, wenn man nicht bekommt, was man fordert. Minderheit ist jeder einmal. «Und bist du nicht willig, so brauch ich Gewalt.» Die Wahl bleibt zwischen Ja/Nein, gleich der täglichen Arbeitsweise am Computer. Das Ergebnis endet in Konfrontation, im Prinzip «Krieg», als Tod jedes innovativen Entwerfens. Es geht ums eigene Überleben. Jeder denkt nur an sich, nur ich denke an mich. Doch mit abgedroschenen Schlagwörtern und dogmatischen Grundsätzen, zusammengefasst in geschwätzige Ansprachen und Weissbücher, wird kaum eine neue Welt entworfen. Ein Mus: Marxismus, Kapitalismus, Monetarismus, Materialismus, Liberalismus und was der wissenschaftlichen Begriffe noch mehr sind, wurden alle vor unserem Jahrhundert in der Zeit definiert. Damit wechseln wir in ein neues Jahrhundert. Wir haben ein enzyklopädisches Wissen und kaum Weisheit und Vernunft. Die religiösen Vorbilder wurden zu Ikonen. Die Denker zu Steinfiguren.

Werte Leserinnen, werte Leser! Nehmen Sie bitte die obigen Zeilen nicht ernst. Reine Schwarz-Weiss-Malerei. Nonsens ohne Anschluss an die Daten-Autobahn. Wir Schweizer, wir Abendländer der kulturellen Hochburgen, wir durchtrainierten Humanisten in Ethik und Moral sind doch besser als unser Image. Wer kennt nicht die Begriffe wie Freiheit, Gleichheit, Brüderlichkeit und Nächstenliebe? Das haben wir seit den Jahren 0 und 1789 intus. Wir sind voller Ideen, voller Tatendrang zu Neuem und voller Hoffnung für die Zukunft. Arm in Arm stützt einer den andern und somit alle jeden. Die Europa-Union sei als Modell angeführt, als Weg in eine schöne, neue Welt. Doch erlauben Sie! Jedes Märchen beginnt mit: es war einmal ... Bescheiden bitte ich trotzdem die Intelligenzbestien und Propheten, tatsächlich neue Wege für eine bessere Welt bekannt zu geben. Nicht Trampelpfade im alten Dschungel! Vor allem die Jungen benötigen einen neuen Kompass. Ich weiss, dass ich mich mit meiner pessimistischen Weltbeurteilung bereits zur Klasse der Grufties zähle. Glückliches Auslaufmodell, oben in den Hügeln des Piemonts mit viel Fernsicht.

Fast jeder Schweizer eine Bank

cielo
Sud
Picea omorica
Abies
Pozzo
Pinus
Rosa
Leontopodium
Picea pungens
Erica
Prato
Rosa
Nord
Prato

Sprachliche Probleme

Öfters werden wir gefragt, ob wir eine besondere Beziehung zu Italien hätten und insbesondere die Sprache gut beherrschten. Wie käme ansonsten ein normaler Mensch und Schweizer auf die Idee, im Pensionsalter Helvetien «ade!» zu sagen. Asylanten sind schon fragwürdige Bürger, aber exilierende Altschweizer spiegeln das Gegenbild. Entweder rieselt bei denen bereits der Kalk oder ihr Heimatgefühl ist arg durchlöchert. Mag sein, dass ich voller inhaltsloser Löcher oder selbst ein solches Käseloch bin, aber was ist nun das Wertvolle? Gerade die vielen Löcher sind das Typische am Emmentaler. Zudem sei der Hinweis gestattet: Der Emmentaler ist ein markantes Exportprodukt der Schweizer und ein heimatlicher PR-Schlager. Wie käme man sonst auf den Gedanken, unsere Ski-Nationalmannschaft als «Mäuse- oder Devisenköder» in einen Emmentaler-Look zu verkleiden.

Eines aber ist sicher: Wegen der Sprachkenntnisse haben wir den Landeswechsel nicht vollzogen. Der Schnabel ist uns in der Schweiz gewachsen. Hier findet man im Traum noch Worte. Hingegen Italienisch konnten wir kaum mehr als jeder Ferientourist, und zu unserer Schande müssen wir gestehen, dass wir immer noch einen lausigen, wenn auch eigenständigen Dialekt sprechen. Für uns ein verständliches Italienisch mit Armbrust-Label. Fortschritte in der klassischen Bildungsrichtung sind wohl feststellbar. Vom ersten Einkaufsitalienisch, wie «Due gambe – Bein, gagaga» für zwei Hühnerbeine oder wie «Bambini muh» für Kalbfleisch – seit dem Rinderwahnsinn müsste man heute noch beifügen: «Niente carne holidulidu, niente carne God save the Queen» – also von diesem Primitivstniveau sind wir weggekommen. Zudem sind die Piemontesen ausserordentlich geduldige und hilfsbereite Menschen. Sagen Sie ruhig die Grundform eines Verbes und Ihr Gesprächspartner wird für Sie schulmässig konjugieren. Vom Gegenüber erfahren Sie die sprachlichen Finessen. Überhaupt, diese vielen Ausnahmen von der Regel und Unregelmässigkeiten (in der Grammatik)! Kein Wunder, funktioniert auch das politische, wirtschaftliche und steuerliche Leben nach diesen Grundprinzipien aus römischen Zeiten. Die Sprache ist ein wesentlicher Träger einer Kultur in einer Gesellschaft. Ohne Zweifel hat dieses klangschöne, aber voll verwirrender Eigenheiten aufgewachsene Kommunikationsmittel auf das tägliche Leben der Italiener durchgeschlagen.

Am 21. April 1966 fanden Neuwahlen ins Parlament und in den Senat statt. Wenn man nun den knappen Ausgang der Sitzverteilung zwischen links und rechts und zudem das gute Resultat der Lega Nord in Betracht zieht, bestätigt sich der Eindruck, dass bis zuletzt wenige Italiener mit Sicherheit wussten, was und für wen sie stimmen sollten. Die Luft und die Papiere sind voll Sprache und vom Feinsten. Jede Partei verspricht ihre seriösen Regeln und ihr volksverbundenes Verhalten. Aber die Wähler sehen die effektiven Abweichungen, Unregelmässigkeiten und Ausnahmen zu diesen Versprechen. So war es bisher und es ist zu befürchten, dass dies weiterhin so bleiben wird – doch keine Regel ohne Ausnahme. Die Ausnahmen und diese Versprechen übe ich ungewollt täglich. So gesehen bin ich in meiner neuen Umgebung gut akklimatisiert. Ehrlich!

Grenze

Schon ist das neue Jahr in Sichtweite, die Grenze des Jahres 1996. Weltweit ist zumindest dieser kalendarische Wechsel anerkannt, wenn er auch nicht gleichentags überall gefeiert wird. Wechseln bedeutet Grenzen überschreiten. Grenzen werden sehr persönlich verstanden: als Abschottung von anderen, Schutz, Stehenbleiben, Kontrolle und Normierung. Aber auch Gleichschaltung. Beispielsweise fühlen sich viele mit dem Jahreswechsel um ein Jahr älter. Hingegen unterscheidet man sich im Wohnblock an der Haustür nach Familien, am Zoll nach Nationen. Geprüft wird die Einfuhr. Nach dem Gesetz zur Erhaltung und zum Schutz der reinen Arten. Braunes Ideologiegeschwätz? Bewahre! Versuchen Sie eine Ladung mit Rindern oder mit Pflanzen ohne Deklaration und Genehmigung über eine Grenze zu bringen! Es darf auch Wein sein. Was heisst da: Regulierung des Marktes? Was haben zwei Kartons mit Barolo, meine Gartensetzlinge oder die vier Säcke Schweizer Erde (biologischer Humus aus Holland) damit zu tun? Den Verdacht, dass ich eine helvetische Exklave «Castiglione Argovia» gründen will, weise ich von mir. Ich schmuggle weder Waffen noch Menschen. Bin bloss ein Normalverbraucher ausser Dienst. Dieses Histörchen mag es belegen. Diesen Herbst belud ich meinen Wagen mit sperrigen Gartenartikeln, die man bei uns in «Do-it-yourself»-Geschäften, aber kaum in Italien findet: Strohmatten, Windzaun mit Holzpfosten, Pinien-Abdeckmaterial, Mulch und Ähnliches. Die Säcke verstaut im Kofferraum, die Matten, Stangen, der 50-Liter-Mulchballen auf dem Hintersitz, zusammen mit einem Restbestand aus dem Kühlschrank in einer Einkaufstüte. Obenauf einige Päckchen Fertig-Röschti als Dankeschön für eine Liebhaberin, die bei meiner Abwesenheit jeweils die Bonsai-Bäumchen hütet. Den kritischen Blick am Zoll in Stabio auf meine Zigeunerfuhre beantwortete ich freiwillig mit «Gartenartikel». «Moment», sagt der junge Italiener und behändigt einen imposanten Offizier. Dieses Exemplar muss mindestens General sein. «Soso – Sachen für den Garten. Öffnen Sie die Tür!» Ich öffne. In südländischem Tempo geht es weiter: «Was kosten die Matten? Wie viel das Holz?» Bevor ich auch nur antworten kann, klopft er auf den Sack Mulch: «Erde?» Ich weiss beim besten Willen nicht, was «Mulch» auf italienisch heisst und sage daher treuherzig «Mulch!» Aber der General hat bereits die Einkaufstüte entdeckt und setzt seine Inspektion fort. Er dreht die Packung Fertig-Röschti um, studiert vorgebeugt Text und Bild. Plötzlich lässt er alles fahren, dreht sich brüsk um und geht weg. Hinter seinem Rücken wedelt seine Hand, dass wir verschwinden sollen. Über seine Schulter dröhnt ein abschliessendes «O.K., O.K!», aber seine Miene verrät überdeutlich, was er denkt: «Jetzt fahren diese kleinkarierten Svizzeri bereits mit abgepackten Heimatgerichten ins Ausland. Kein Wunder, wollen die nicht in die Europäische Union!» Ein neuer Röschtigraben, im wahren Sinne des Wortes, skurriler als jede Grenze. Die Komik der Sachlage stieg in uns hoch. Wir konnten das Lachen just noch verbeissen, bis wir mit einem Schnellstart um die Zollhausecke waren. Sonst hätte das Lachen noch etwas gekostet – die Grenzen sind unergründlich!

So begeben wir uns an die Grenze des Jahres. Wie viel schöner tönt «capo d'anno» für Neujahr. Eine Art Kap der Guten Hoffnung. Eine offene Grenze, die man umfährt, um ein neues Glück zu suchen und zu finden. Ein Wendepunkt zum Guten und nicht eine Barriere zum Hüten des eigenen Gutes. Stösst diese Vision an Grenzen?

Geplante Songs und Unvorhergesehenes

Die eben abgelaufene Wahlzeit hat mich sehr an die Dreigroschenoper von Brecht erinnert. Viel Lärm um die, die im Lichte stehn und nichts Wesentliches für den Normalverbraucher im Dunkeln. Die resigniert tiefe Wahlbeteiligung und das stabile Beibehalten der politischen Kraftfelder lösen keine Jubelstimmung aus. Bekanntes Geschwätz in vergoldeter PR-Verpackung für eine bessere Zukunft – bitte sehr: schwarz auf weiss! Aber die Schatten hinter den sympathischen Gesichtern zeichnen mehrheitlich Eigeninteresse, Machtpositionen, Bettlerstaat, eben Dreigroschenoper. Theater der Illusionen und Hoffnungen mit wenig realistischen Neuplanungen für eine verbesserte Welt. Bestimmt sind die Betroffenen mit meinem Pessimismus kaum einverstanden, aber ich hocke seit vielen Jahren bloss im Zuschauerraum und applaudiere normalerweise bei guten Leistungen, nicht bereits schon beim Versprechen, dass man umwerfend agieren wird. Vorbehaltloser Applaus war in den letzten Jahren selten.

Leiert der Dreigroschensänger seit Beginn dazu: Ja mach nur einen Plan / und sei ein helles Licht, / und mach noch einen zweiten Plan, / gehn tun se beide nicht. / Denn für dieses Leben / ist der Mensch nicht schlau genug, / niemals merkt er eben / jeden Lug und Trug.

Pläne machen alle. Ob diese verwirklicht werden, ist wohl eher eine Glücksfrage. Jedenfalls in der Politik eine Rarität. Schlau sein ist eine persönlich erdachte Strategie, die mit der aktuell handelsüblichen Moral und Ethik und mit seinen eigenen Ambitionen verstrickt ist. Wie soll man da jeden Lug und Trug bemerken? Im Tempo verschwimmen die Details. Dazu addiere man das viele Unvorhergesehene. Ein Wunder, dass überhaupt etwas geht. Nach Ausführung der Pläne ist man nachher meistens gescheiter. Mit Verlust ist heute grundsätzlich zu rechnen. Aus den Fehlern lernt man, indem man ehrlich die Schwachstellen zu verbessern sucht oder aber durch weitere Radikalisierung der eigenen Position. Wenn man die Ergebnisse der letzten Wahlen anschaut, darf man bedauernd und resigniert die Achseln zucken und neu singen: Na mach nur einen Plan / und sei ein helles Licht. / Bloss glaube nicht daran. / Doch planlos bleibste nicht. / Denn in diesem Leben / hat der Mensch es stets geahnt, / es geht viel daneben, / geplant und ungeplant. Eine Aufbruchstimmung ins Jahr 2000 herrscht noch nicht. Eher schleppt man den staubigen, politischen Rucksack der letzten hundert Jahre über die Jahrtausendgrenze. Und die auftretenden Schauspieler kennen den ausgeleierten Text. Wie gut täte hier ein neues Phantom in der Dreigroschenoper.

Eine Aufbruchstimmung ins Jahr 2000 herrscht noch nicht

67

Rotwein

Soweit das Auge reicht erfasst es Reben. Abertausende von Rebstöcken, fein säuberlich aneinander gereiht. Stramm stillstehende Soldaten des Bacchus. Ein friedliches Heer, das jeden Weinliebhaber erfreut. Wer spricht da noch von Milch? Wem erscheinen da Horrorvisionen von Milchschwemme und Butterbergen? Solche Subventions-Missgeburten geschehen in einem sehr fernen Land.

Auf den lehmigen Hügeln des Südpiemonts dominieren silberne Gärtanks und hölzerne Weinfässer. Aber man schüttelt die Köpfe ob der schwierigen Einfuhrbedingungen in die Schweiz und über die verhältnisblöden, unverschämten Schutzzölle. Insbesondere Weinliebhaber mit Kaufabsichten können es kaum glauben, dass in Bern eine solche Interessenslobby die uniformierten Aufpasser an der Grenze steuern kann. Freie Marktwirtschaft solange es dem eigenen Interesse dient. Im Aufbruch zum zweiten Jahrtausend verstaubte und antiquierte Freiheiten, die solch bösartige Reaktionen hervorrufen, wie sie innert zweier Tage nach dem Jahreswechsel effektiv passiert sind. In 48 Stunden wurde das gesamte Freikontingent des Jahres 96 in Tanklastzügen voll billigstem Weisswein in die Schweiz eingeschleppt. Spekulanten warten doch nur auf solche Eseleien der Verwaltung. Bis einige Langsamdenker in Bern die Situation erfasst haben, ist das Malheur bereits geschehen. Der Normalverbraucher hat das Nachsehen und ärgert sich. Herr Bundespräsident, haben Sie ein Herz für die kleinen Geniesser, die ebenfalls Freude an einem guten Schluck haben, ohne dass man sich am Preis verschlucken muss.

Vorläufig bleibt als Lösung nur ein direkter Konsum des Weines im Ausland. Erstklassige Qualität zu vernünftigen Preisen. Auch ein Jahrhundertrausch ist bei Grenzübertritt erstaunlicherweise bislang noch zollfrei. Vielleicht gelingt es dem schweizerischen Gastgewerbe, solch unerwünschtes Abwandern in die Ferne mit einem Zoll zu belegen. Eigentlich möchte man den Konsum im Inland fördern. Oder wären alle diese Probleme schlagartig gelöst, wenn alle Milch trinken würden? Nur Milch?

Es besteht tatsächlich die Gefahr, im Süden eine Trinkerkarriere zu starten. Kurz vor dem Mittagessen ein kleiner Apéro mit etwas Roero Arneis. Ausgezeichnet und fast zu süffig. Dann zum Lunch mit Käse, Salat und Brot zwei, drei Gläschen Barbera vom Feinen. Man kann das Essen doch nicht so trocken hinunterwürgen. Den kleinen Rest in der Flasche stehen zu lassen lohnt sich nicht. Zum Nachtessen eine Sorte mit mehr Körper. Barolo 1985, schön dekantiert und belüftet. Den darf man nicht stehen lassen, denn morgen probieren wir den Barbaresco von Piazzo. Den mit dem Oscar. Erscheint zufällig noch Besuch, stimmen diese Mengenangaben sowieso nicht mehr. Man glaubt gar nicht, wie durstig Besucher sind. Und bewunderswert standfest. Ich überlege mir daher die Einführung schweizerischer Schutzzölle ganz privat.

Aber ich habe ein gastfreundliches Gemüt. Nach einer katastrophalen Reduktion meines Lagerbestandes tröste ich mich mit einer guten Flasche aus dem Keller des Castello di Neive. Denn: «Rotwein ist für alte Knaben eine von den besten Gaben», erkannte schon Busch. Zum Ausbalancieren der Körperhaltung und der Blutzusammensetzung gibt es – gottlob! – genügend Wasser. Es fördert auch ein neutrales Denken im Sinne der Eidgenossenschaft und mildert mein südländisches Temperament.

Reifeprozess

Es vergehen die letzten Tage vor der grossen Weinlese. Ruhe vor dem Sturm. Im nahe gelegenen Sanktuarium Madonna del Buon Consiglio (etwa: Tipp, zum guten Rat) feiern die Einheimischen das Patronatsfest. In der vorangehenden Woche wehte der Ostwind nachts um halb zehn eine kräftige Männerstimme zu uns auf den Hügel, Predigtfetzen und zum Abschluss ein dreimaliges: «Ave, ave, ave Maria!», in drei Tönen gesungen. Am Sonntagmorgen darauf übertrug ein Lautsprecher die heilige Messe ins beistehende Festzelt, und kurz vor Mittag hörte man fetzenweise den feierlichen Gesang des gemischten Kirchenchores, je nach Wind nahebei oder fernweg. Fast melancholisch blickt man dabei unwillkürlich über die üppig grünen Rebberge. Am 15. September beginnt die Moscato-, Barbera- und Dolcettoernte nach streng geregeltem Fahrplan. Tal um Tal. Die berühmte Nebbiolotraube des Barologebietes kommt zum Abschluss gegen Ende Oktober an die Reihe. Harte Arbeit, kein romantischer Gesang, nur das Dröhnen der Motoren der Kübellaster. Die Winzer sind zufrieden. Die letzten, prächtigen Sonnentage haben diesen Jahrgang gerettet. Walter Porasso in Annunziata erklärt mir, dass die verschiedenen bösen Hagelstürme nun verschmerzbar seien.

Wenn nicht die gesamte Traube beschädigt wird, trocknen die verletzten Beeren in der Tageshitze weg und stecken den Rest nicht mit Fäulnis an. Dabei höre ich wieder das verzweifelte, dumpfe Schiessen mit den Hagelkanonen mitten in den ockergrau-düsteren und blitzdurchzuckten Wetterfronten. Ein elementar-beeindruckendes Erlebnis, besonders nachts um zwei Uhr.

So ist man auch als blosser Liebhaber eines guten Tropfens über gute Nachrichten erfreut. Der Madonna del Buon Consiglio sei Dank für die rechtzeitige Fürsprache. Die Monate des Zitterns und des Kampfes gegen Pilz, Krankheiten und Hagel scheinen überstanden. Das Endprodukt in der Flasche wird gut reifen. Ende gut, alles gut.

Na, so möge es mir doch hoffentlich auch einmal ergehen, wenn ich dereinst vors Himmelstor komme. «Ach», wird Petrus sagen, «da kommt eine Einzelflasche des Jahrgangs 1929. Kein Jahrhundertjahrgang, aber immerhin Vorkriegsqualität. Auch der Inhalt hat sich im Laufe der Zeit ordentlich entwickelt, doch wird er in der Flasche bei uns noch etwas nachreifen müssen. O.K. Nehmen wir diese Flasche mit der schweizerisch-italienischen Etikette und den chinesischen Hieroglyphen rein und legen sie ins stille Lager.» Ende gut, alles gut. Warum soll diese Weisheit nur für den Wein auf den Hügeln gelten?

Dabei höre ich das verzweifelte Schiessen der Hagelkanonen

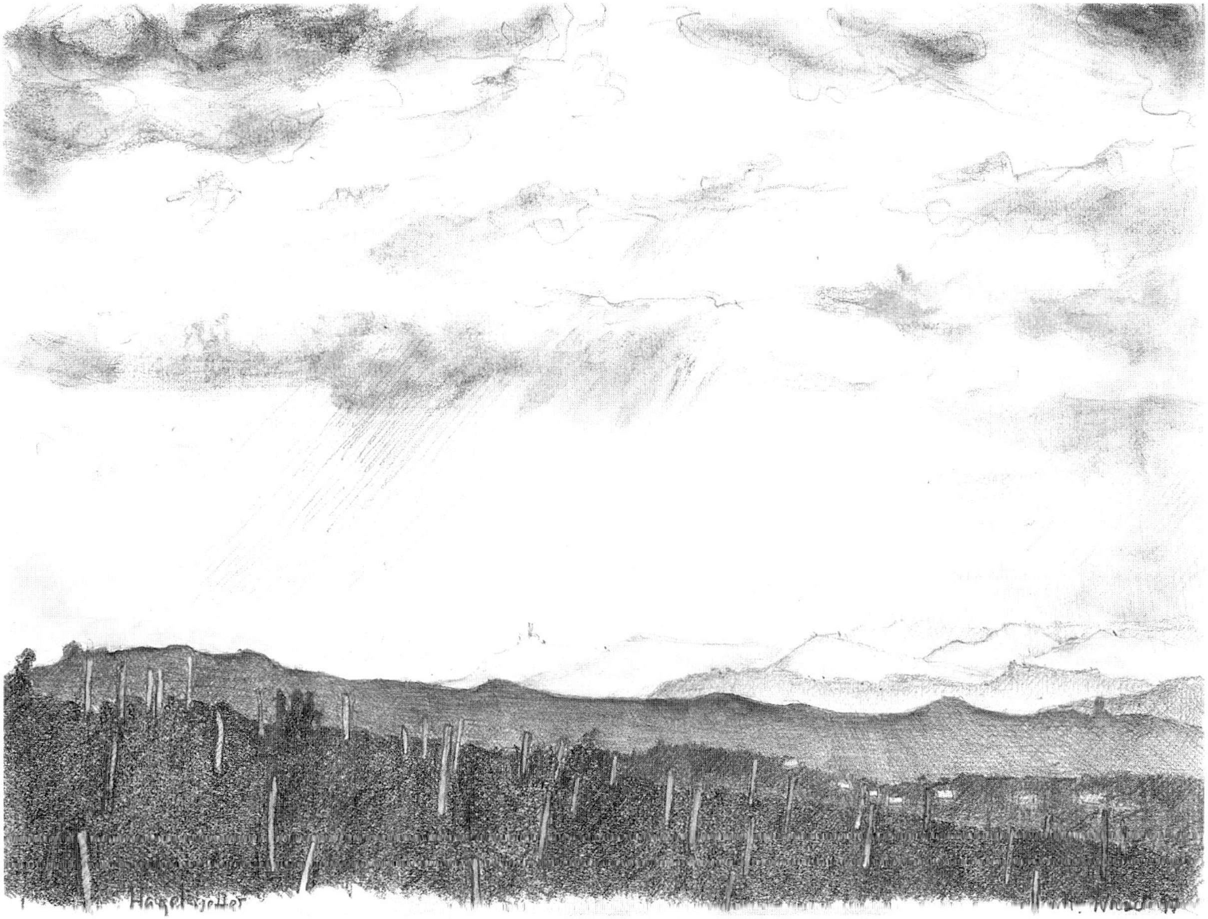
Hagelwetter

Kikeriki!

Gleich nach der Weinernte beginnen sich die Hänge braun zu verfärben und die Blätter fallen, zuerst einzeln, dann in Massen. Ein Hauch von Winterahnung liegt über dem Land. Dieser Eindruck verstärkt sich, wenn die schwebenden Ballettgruppen von Zugvögeln aus dem Norden einfallen und sich kurz in den unendlichen Rebstockreihen ausruhen. Welch Gekreisch und Palaver! Husch, setzt sich wieder ein Vortänzerpaar in den Wind und gleich füllt ein wogendes Geflatter talauf, talab den Himmel. Der fliegende Teppich von Vogelexistenzen wallt hin und her, bis er plötzlich dezidiert in eine Richtung entschwindet. Irgendwohin weiter nach Süden. Weniger eindrücklich, aber ärgerlich ist die Hühnerarmada der Nachbarin. Gleich einer Flotte von spanischen, braunen Galionen im wechselnden Monsunwind nähern sich im Zickzackkurs die vier riesigen, fetten Hennen, wahre Eiersilos auf zwei Beinen. Sie werden begleitet vom prächtigen, buntfarbenen Zwerghuhngockel. Der Kleine hält sich in der Mitte der wackelnden Schlachtschiffe auf, gut abgeschirmt vor neutralitätswahnsinnigen Ausländern. Hier wagt er von Zeit zu Zeit seinen Kampfruf auszuposaunen, so dass man über den versteckten Anmarschweg durch die Reben stets im Bilde ist. Seine schwarzen Zwerghennen lässt er zuhause; er umschwärmt die imposanten Schönheiten. Ein wahrer italienischer Papagallo! Wenn diese Armada unseren Garten erreicht, kann man anschliessend den Verwüstungsweg gut verfolgen anhand der Kratzlöcher und hingeplatschten Exkrementen: durch das Rhododendronbeet, durch das Feld der Gladiolen, der Bodendecker und der wunderschönen Anemonen. Wir haben die Abwehrschlacht mit mässigem Erfolg organisiert. Aber Wasser und Wurfgeschosse sind offensichtlich Bestandteil eines Galeerenalltags. Bislang kräht das schillernde Hähnchen inmitten seiner Riesendamen aus irgendeiner intakten Ecke unseres mühsam aufgearbeiteten Blumenhofes. Nur ein kleiner Kerl, dieser Macho, aber seit unserer Anwesenheit ein richtiger Wohlstands-Profiteur. Der Winter kommt, und das wird den Schreihals Bescheidenheit lehren. Mit einer

Rezession wird Bescheidenheit stets wieder Mode. Der Not gehorchend, nicht dem eigenen Triebe. Die Hennen legen wenigstens Eier, auch wenn sie bloss gackern. Nutzen misst sich an Leistung, nicht in geschmetterten Parolen. Selbst ein prächtiges, schillerndes Äusseres, verbunden mit halslauten Äusserungen, ärgert und stört in schwierigen Zeiten. Mit seinem Image und mit seinen Statussymbolen hoch anzugeben, das erträgt der Nachbar nur in Wohlstandsepochen. Eine alte Geschichte. Als Adam und Eva erkannten, dass sie nackt waren, begannen sie sich immer mehr zu schmücken, bis es auffiel und sie aus dem Paradies geworfen wurden. Im Schweisse deines Angesichtes sollst du nun dein Brot essen und nicht mit Kikeriki! Das ist natürlich dem Gockel nicht bekannt, aber wir sollten daran denken. Ich werde versuchen, dies dem Papagallo zu übersetzen.

«Was isch au da?»

Dies ist eine kurze, aber tragische Geschichte. Eine breit gequetschte Ratte liegt auf der Fahrspur im Hof. Das etwas über zwei Jahre alte Mädchen des Hauswartpaares steht mit grossen, runden Augen davor. «Was isch au da? Das mues mer repariere.» Damit trippelt es weg, um seine Mutter als helfende Instanz zu organisieren. Hilfe tut Not, aber kommt eindeutig zu spät.

Das Kleinkind hat einen wesentlichen Zeitgeist auf eine frappant kurze und genaue Formel gebracht. Irgendeinmal erfand man die Devise: «Vorbeugen ist besser als Heilen.» Heute gilt eher die Variante: «Helfen ist besser als Verhindern.»

Blättern Sie bitte die Liste unserer aktuellen Probleme durch und Sie werden erschrecken, welche Mentalität vorherrscht. Drogensucht, Aids, Kondome, Spritzenabgabe. Ozonloch, saurer Regen, schädliche Rückstände aller Arten, Allergien, Asthma, Waldsterben. Verbetonierungen, Abholzungen, Übernutzungen, Überschwemmungen. Ansprüche, Forderungen, Illusionen, Riesendefizite der öffentlichen Hand. Spekulationen, Riesengewinne, Riesenverluste – selbst bei ach so seriösen Grossbanken. Rentenäufnungen, Beitragsobligatorium, die später kaum zum Leben ausreichen. Gesundheitswesen, das selber krank ist. 1994 um die fünfzig Kriege mit Elend, Hunger, Zerstörungen, Krüppeln und Toten. Zuerst der Schaden gegen jede Vernunft und Ethik, dann die Appelle an die Menschlichkeit, Sammlungen, Spenden, Hilfskonvois und machtlose Blauhelme. Was ethisch und moralisch wirklich richtig oder zumindest die richtige Reihenfolge wäre, weiss keiner mehr.

«Was isch au da? Das mues mer repariere.» Mein liebes Kind! Was einmal zerstört oder gar getötet ist, kann man beim besten Willen nicht mehr in seinen originalen Zustand bringen. Aber dies wissen nicht einmal mehr die erwachsenen Entscheidungsträger dieser Welt. Leider können du und ich das Handeln dieser sogenannten Verantwortlichen kaum beeinflussen, höchstens reparieren. Aber vielleicht findet sich wunderbarerweise eine Lösung, gegen jede vernünftige Hoffnung. Denn nichts ist ewig. Ganz sicher nicht Dummheit und sein Elend, solange sich ein Mensch überhaupt noch fragt: «Was isch au da?»

Ein kleines Weibchen mit schräg geschnittenen Chinesenaugen

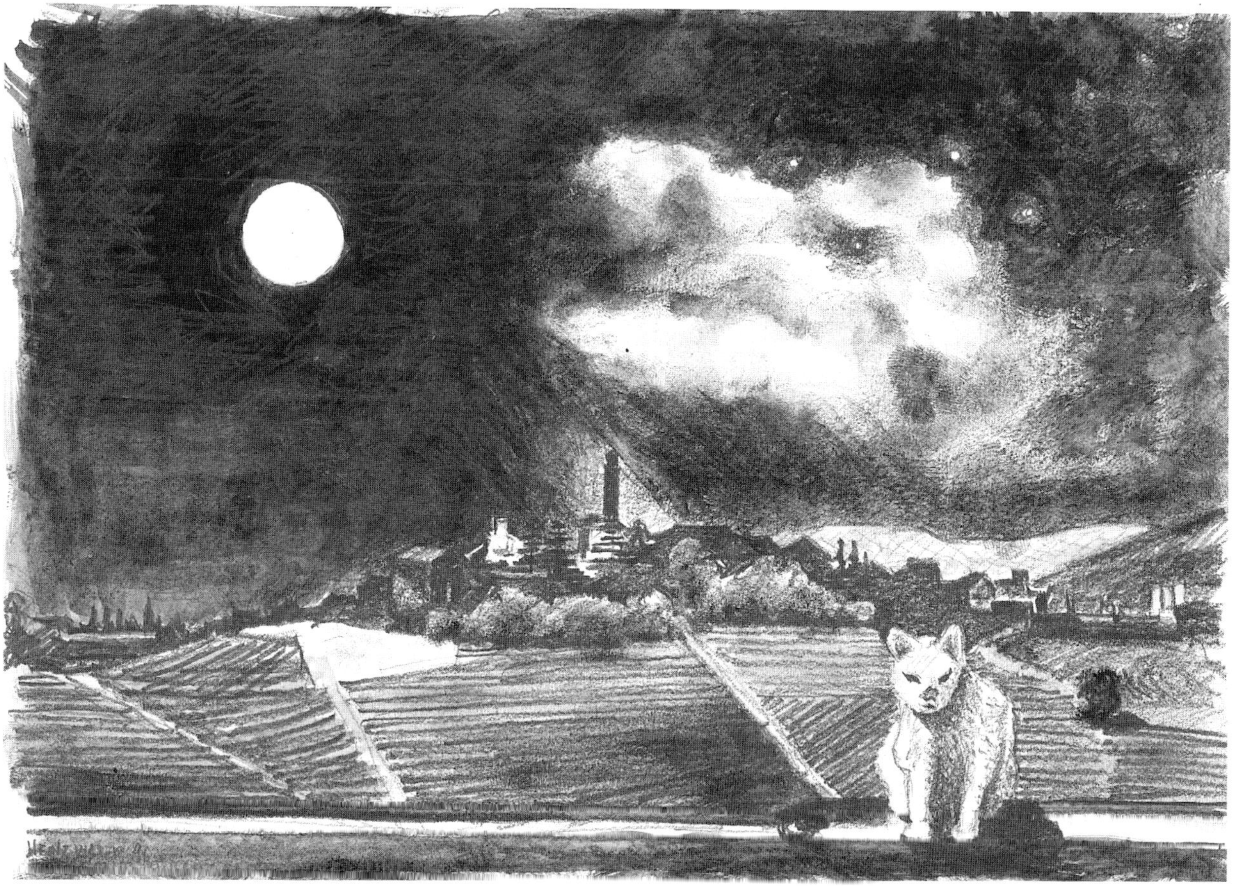

Überbekatzung

Begonnen hat diese Geschichte mit dem Erscheinen einer scheuen, weissen Katze mit kontinentartigen Flecken auf dem Pelz. Ein verhältnismässig kleines Weibchen, schlau und mit markant schräg geschlitzten Chinesenaugen. Sie schlich in vorsichtigem Abstand durch die umstehenden Rebstöcke. Es dauerte nicht lange, bis die zu Besuch weilenden Schweizerinnen das «arme Tierchen» entdeckten. Erster Entwicklungshilfeschritt: ein Tellerchen Milch. Tags darauf die zweite Aktion: ein Schüsselchen mit Katzenfleisch aus der Büchse. Darauf ein zweites Schüsselchen mit Milch und ein weiteres mit harten Spezialcrackers für gesunde Zähne. Nachbars dicker Maudi futterte gleich mit; wie herzig! Nach einer korrekten Einführungszeit brachte die Chinesin zwei Junge mit. Die «Beckelizahl» wurde auf vier erhöht. Das Katzenfutterdepot belegt mittlerweile ein Küchenabteil. Ein richtiger alter Katzengauner mit triefenden Augen und zerfetzten Ohren war plötzlich auch dabei. Die ersten Differenzen um die Sitzordnung begannen. Dem Frieden zuliebe wurde die Zahl der Fressnäpfe aufgestockt. Gewaltig zugenommen hat der Nahrungsmittelumsatz. Neuerdings abends zweiter Service. Dicke Katzen, aber plötzlich auch streunende Hunde, die an meine (!) Palmen pissten. Es begannen Treibjagden meinerseits.
Die Chinesin ist zweimal im Jahr schwanger. Im letzten Jahr haben die Jungen der Jungen und deren Junge den Weg in unser Fastfood-Lokal gefunden. Die zu kleinen, runden Beckeli haben länglichen Plastikschalen weichen müssen. Der gewaltige Fressumsatz fand sein Pendant im flächendeckenden Katzenklosett im Garten. Nun hatte ich buchstäblich die Nase voll von dieser unterbeschäftigten Wohlstandsgesellschaft. Als erste Massnahme reduzierte sich die Fütterung auf ein Frühstück. Die Folgen waren dramatisch. Ein Wunder, dass meine Frau noch lebt, denn sie wagte es als erste, die Küchentür zu öffnen. Die zwei kleinsten Tigerli sind erkrankt und verstorben. Zwei Tigerli des letzten Frühlings fand ich überfahren auf der Strasse. Ihr kleiner Bruder Carlo sass daneben im Strassengraben. Wegen meiner

Beinoperation sind wir zurzeit für Monate in der Schweiz. Welche von diesen vielen Katzen werden bei unserer Rückkehr noch erscheinen?

In der Natur regelt sich die Übervölkerung, falls der Mensch nicht künstlich eingreift. Was, so frage ich mich, wird wohl einst die Überbevölkerung der Erde regeln? Mich schauderts. Sind die unzähligen Kriege in den Entwicklungsländern und die Immunkrankheiten warnende Vorboten? Etwas mehr Vernunft und Intelligenz als bei den Katzen sollte die vereinigte Menschheit zusammenbringen.

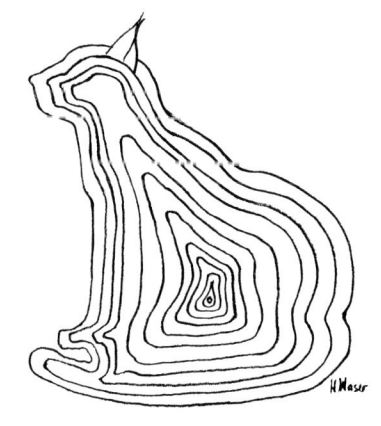

Kulinarische Reise

Es ist unmöglich, dem Menschen die Freude am Essen und Trinken zu nehmen. Diese Lust bleibt – weit über seine Bedürfnisse hinaus und trotz aller Schreckensmeldungen aus Zonen mit unterernährter Bevölkerung. Das Auge, die Nase, der Gaumen und der Magen sind durch Kultur und Zivilisation trainierte Organe des Menschen, die fordernd ganze Beschäftigungs- und Erwerbszweige zum Blühen bringen. Je nach Situation werden Normalverbraucher zu Geniessern. So gibt es denn kein Fest ohne Festessen. Wer feiert, will gut essen und trinken – koste es die Figur, das Ersparte oder eine Strafe wegen überschrittener Promille-Grenze. Es ist daher empfehlenswert, diskret ins Ausland zu verschwinden, um zu geniessen. Angebote für das nördliche Italien, von fragwürdigen Reisen zu 245 Franken für vier Tage bis zu über 2000 Franken für drei Tage, finden sich in den Inseraten. Das Piemont ist dabei ein Aufsteiger im Konkurrenzkampf. «Kulinarische Reise zu weissem Trüffel und Barolowein, dem König der italienischen Weine».

September und Oktober ist Hochsaison. Der Trüffelmarkt im Zentrum von Alba zieht an wie ein Magnet. Durchgehend von Anfang bis Ende Oktober. Dass dazu Weindegustationen ins Programm müssen, ist zwingend. Ausgerechnet in der hektischen Lesezeit der Trauben, wenn alle Winzer überlastet sind. Doch was bedeutet Rücksichtnahme bei 130 000 Winzern und Winzlingen allein im Piemont?

Für den örtlichen Fremdenverkehr wird diese kurze zeitliche Überlastung ein echtes Problem. In der Zeit des sogenannten «Fress- und Sauftourismus» findet sich wochenends kaum ein anständiges Bett. Die Preise steigen bei sinkender Qualität der Bedienung – leider eine marktwirtschaftliche Logik bei Übernachfrage in sehr begrenzter Zeit. Der Piemontese findet seine Heimat sowieso auch in den restlichen Monaten besuchenswert. Bei gleichmässiger Auslastung über das Jahr wäre erst eine ausgeglichene Preis- und Qualitätspolitik machbar und durch die Verantwortlichen der Tourismusbranche steuerbar. Trotzdem will man den billigen Massentourismus nicht fördern und empfiehlt diesbezüglich, keine Abschlüsse mit Carunternehmen aus dem Norden zu tätigen, die obiges anstreben – zu miesen Konditionen. Es ist für das Ansehen des Piemonts kaum ein Plus, wenn der Tourist bloss Salami! und Parmaschinken als Vorspeise bekommt, während ein Akkordeonist dazu «Es gibt kein Bier auf Hawaii» blasbalgt. Wegen Zoll- und Platzschwierigkeiten im Bus kauft man höchstens die lausigen zwei zollfreien Flaschen Wein. Zuviel für die Schweizer Winzer, eine Belästigung für die Piemontesen. Alles in allem ein zivilisierter Rülpser nach unbefriedigter Kulturdiät.

Wenn Sie also, liebe Leserin, lieber Leser, nicht durch frische weisse Trüffel suchtgefährdet sind, besuchen Sie doch die Nachbarprovinz der Schweiz ausserhalb der genannten Monate. Sie finden kurzfristig gute Unterkunft, guten Wein und gute Menschen. Den einzigen Rat, den Sie beherzigen müssen, ist der, vor der Abfahrt die Wetterkarte zu konsultieren, um auch gutes Wetter vorzufinden. Denn bei strömendem Regen oder dickem Nebel sieht man auf der ganzen Welt keine schöne Landschaft. Eine solche wäre nämlich tatsächlich vorhanden! Und mit Simmel meine ich: «Es muss ja nicht immer Kaviar, respektive Trüffel sein!»

Durch frische, weisse Trüffel suchtgefährdet

tartufo
Heinz Mack
1997

Im Grundsatz unternimmt man die Kennerreise um zu geniessen

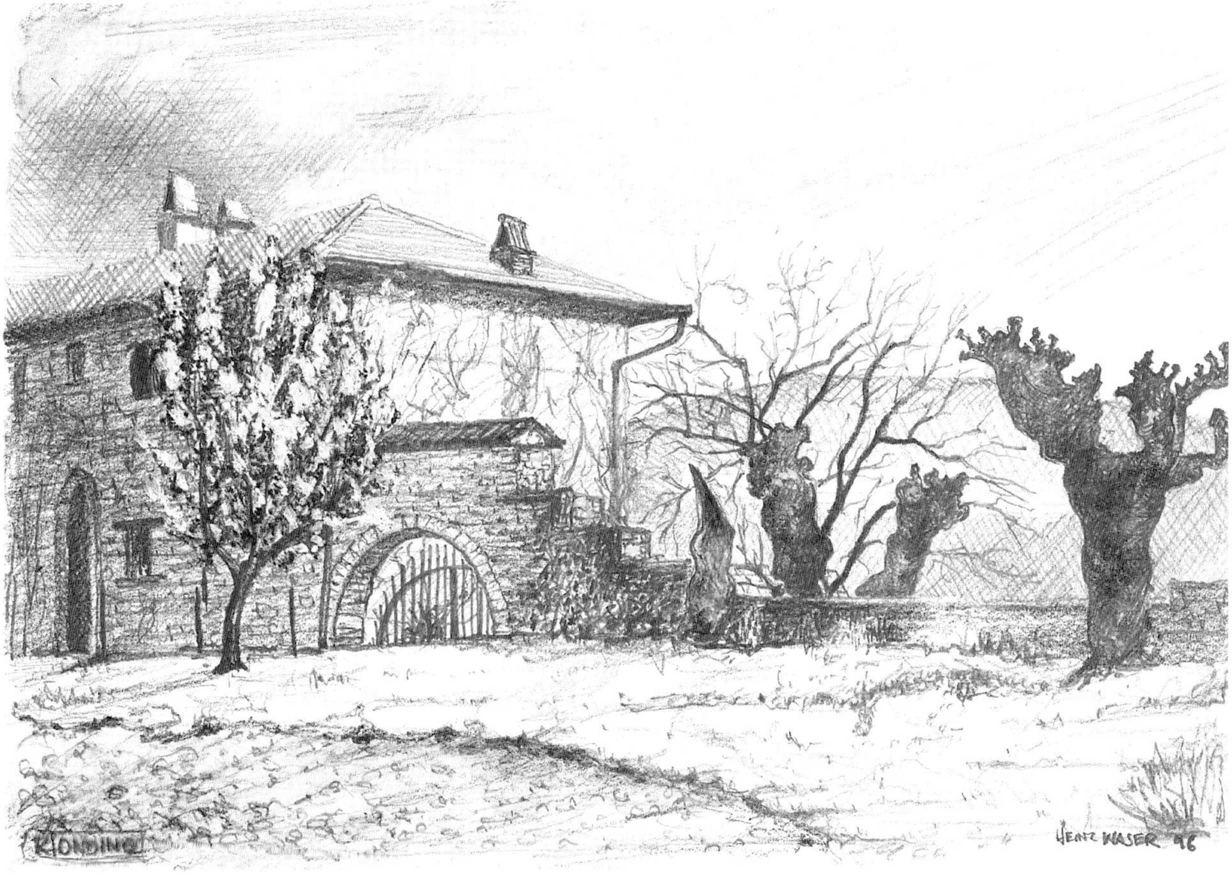
HEINZ WASER 96

«Da Elsa»

Der Mensch ist eine seltsame Mischung aus Begierden und schlechtem Gewissen. Ohne Begierden wären wir gute Menschen, sagt Buddha. Nun sind wir aber von Natur aus voll ausgerüstet mit Sinnesempfindungen. Der gesamte Wachzustand bedingt ein stetes Aufnehmen von Sinneseindrücken um reagieren zu können, und auch im Schlaf hat man keine Ruhe. Wenn die Sinne weg sind, ist auch das Leben beendet. Die abstrakt-geistige Welt genügt dem edelsten Weisen nicht.

Wer im Piemont aufkreuzt, mag sich zu den weisen Geniessern zählen. Für die Sinne ist vorgesorgt. Das schlechte Gewissen drückt sich später in Kilo und Grammen aus, wenn man in der Schweiz den Mut hat, auf die Waage zu steigen. Im Grundsatz unternimmt man diese Kennerreise, um zu degustieren, was aus Keller und Küche kommt. Der eiserne Vorsatz, Mass zu halten, wird damit zur theoretischen Grundlage des Gewissens. Mass halten heisst: schon ein bisschen, nur nicht zu viel. Leider lebt sich das Leben nun mal nicht theoretisch. An das Ausbaden der Strafe, die folgt wie das Amen, hat man sich seit frühester Kindheit genügend gewöhnt. Übung heisst Training, und so steht man die reuebeladenen Runden ohne grosse Seelennot durch, wie ein Hochleistungssportler. Sündigen heisst geniessen und dann bereuen.

Zu oft gerät man ungewollt total ins Abseits. Künstlerpech. Das ist uns letzthin widerfahren. Nach einem Morgen voller Aktivitäten in Asti und Umgebung, schien ein kleiner Imbiss auswärts angebracht, un spuntino. Wenn man vom Bäderort Agliano gegen Calosso fährt, liegt kurz nach der Kreuzung Piana del Salto links das populäre Restaurant «Da Elsa». Das Lokal ist gut besetzt mit Einheimischen, ein gutes Omen für einen kleinen Spuntino. «Ein Tisch für zwei, bitte!» Und schon geht die Post ab. Zwei Ehemänner servieren aus grossen Platten. Nonstop. Der sprachlich begrenzte Ausländer merke sich: «Basta, basta!» und ein verzweifeltes Händeringen. Nützt beides nichts. Salami hausgemacht. Belegte Brote mit Parmaschinken, Ricotta,

Gemüse. Hähnchensalat gemischt. Rouladenschnitten gefüllt mit Truthahn, Spinatpaste und Tomaten-Pesto. Eingemachte ganze Pilze. Gekochter Salami mit gekochten Marroni. Grüne Spargeln, eingewickelt in Schinken, gratiniert. Crêpes mit Füllung aus Fleisch und diversen Kräutern, gratiniert. Weisse Bohnen mit Eiersauce als Salat. Heisser Flan aus Gewürzen, Eier und Peperoni. Tagliatelle mit Pilzsauce. Agnellotti. Grüner Salat. Kaninchenragout mit Kartoffeln. Käsewagen. Dessertwagen. Weine, Wasser, Espresso, Grappa. Pauschal itL 35 000 Person. Mein Hosengurt spannt wie ein Fassreifen, obwohl ich auf die Hälfte verzichtet habe. Wie William Dietschi sagte: «Ein Fass ist von Reifen umgeben, nur ich bin von Unreifen umgeben.» Am Nebentisch sitzt eine alte Dame, isst alles und lässt sich nachschöpfen. Demonstriert den Vorteil von weiten Röcken – mir graust! Gute Esser mögen sich also den Tipp merken: «Da Elsa», über Mittag offen und nur dreimal abends. In der Küche sind zwei Köchinnen bereits am Produzieren des Nachschubs.
Begierde und schlechtes Gewissen? Bei «Da Elsa» übersteigen die Dimensionen mein philosophisches Kombinationsvermögen. Und jede normale Verdauung.

Bar Fiorina

Sie liegt östlich in der theoretisch verlängerten Firstlinie der gedeckten, offenen Markthalle von St. Stefano Belbo, angrenzend an den Hauptplatz mit dem Rathaus. Vier, fünf Fenstertüren. Bei schönem Wetter einige Tischchen draussen auf dem nudelbreiten Trottoir zur Umfahrungsstrasse. Die Billiardtische sind entfernt worden und nur noch die alten Tiefstrahlerlampen in der hinteren Ecke zeugen von sportlichem Tun. Jetzt wird hier in der kälteren Zeit Karten gespielt. Treffpunkt der eher älteren Herren. Hie und da ein weiblicher Gast, besonders mittwochs, wenn der Markt auf dem Platz und hinter dem Municipio zu Ende geht. Die Marktfahrerinnen sind emanzipierter; schnell einen Espresso vor der Heimfahrt.

Rechts neben dem Eingang lauert die Theke, gespickt mit Flaschen und Sonderangeboten. Felice, der Inhaber, wieselt um diese Kommandobrücke seines Betriebes in ständiger Geschäftigkeit. Er geht leicht vornüber gebückt, da ihn ein Hüftleiden quält. Und trotzdem schwebt seine Fliege wie ein stillgelegter Propeller weit über meinem Kopf. Jeden neu eintretenden Freund empfängt er mit lautem Kommentar, und alle sind seine «amici». Beispielsweise «der grösste Reisende dieser Erde, hat schon alles gesehn!» Der Herr heisst tatsächlich Signor Turisti und ist Totengräber der Gemeinde. «Da redet man immer von Rezession», sagt dieser, «und dabei bring ich nur mit Mühe den Sargdeckel über den Bäuchen zu.» Aber er habe noch jeden anständig auf die grosse Reise geschickt. Tourismus ist nun mal eine gepflegte Sache im Piemont.

Vor vierzehn Tagen mussten wir Felice versprechen, nach Besuch des nächsten mercato bei ihm zu speisen. Mit Freunden. Gnocchi an seiner speziellen Sugo. So tauchen wir kurz nach zwölf in der Bar auf. Felice sitzt mit einem Herrn aus Genua bereits vor einer alten Eisenpfanne mit verbeultem Deckel und rotdurchzogenen Gnocchis. Seinem überraschten Gesicht gemäss hat er uns vergessen. Aber zu einer Degustation mit Roero Arneis reicht es. Spezielle Sauce? «Si. Olivenöl extra vergine, kaltgepresst. Die Qualität riecht man, wenn man das Öl erhitzt. Basilikum, Knoblauch, schöne Tomaten, keine aus dem Treibhaus, den Gnocchis al dente in die Pfanne beigeben und gut rühren,» erklärt Felice. «Kein Pfeffer zu Basilikum», ergänzt der Genuese. Hobbyköche nach Hausfrauenart. Eine Viertelstunde später steht eine weitere, flache Eisenpfanne inmitten des Tisches. Mit fingerdicken Schweinswürsten, gegrillten Auberginescheiben und halben Zucchinis. Die in handbreite Stücke geteilte Wurst mit viel Rosmarin und Salbei gebraten. Ausgezeichnet. Die Fingerspitzen einer Hand zu einem Krönchen zusammengepresst, vor seinen Kussmund gehalten und mit einem «Mmma!» fortgeschleudert, bezeugt diese Tatsache. «Hei Beppe, bring Teller und Besteck!», winkt Felice einem Gast. Und schon sitzt ein weiterer Esser aus der Emilia in der Runde. «Piacere!» Aber da ist noch ein wohlgekleideter Vincenzo. «Bring einen Zahnstocher mit und probier die Wurst!» «Mmmma!» Noch eine Flasche Chardonnay aus der Lage neben der Turmruine von St. Stefano, dem Wahrzeichen dieser Gegend. Es endet zwar nicht mit einer Speisung der Zehntausend, aber reine Italianita blüht auf in der Bar «Fiorina da Felix». So zufrieden anders. Genussselig eingebunden unter fremden Mitmenschen. Ein einfaches, bescheidenes Leben. Glaubt mir: ich fühle mich froh, immer wieder.

Cascina Salici

In der grossen S-Schlaufe bei Motta, kurz bevor der Tanaro in die Auenwälder von Asti eintritt, kuschelt sich etwas abseits die Pizzeria «Salici». Salici, die Weidenbäume deuten schon auf das Wasser hin, den gemächlich fliessenden Tanaro. Während der Überschwemmungskatastrophe standen die Räume unter Wasser, obwohl der Fluss normalerweise vier, fünf Meter unter der Uferböschung dahindümpelt. In harter Arbeit haben die Bewohner das Haus wieder hergerichtet. Auf der Ostseite der Strasse nach Castagnole delle Lanze steht ein pompöses Bauwerk längs des gesamten Seitentales, ein eingleisiger, ansteigender Bahnviadukt. Vorfabriziert und selten genug durch einen Triebwagen befahren, riecht diese Naturverschandelung gewaltig nach Vetternwirtschaft und Konjunktur-Euphorie, ein Brüderchen der NEAT.

Da ist als Gegenstück die einfache «Cascina Salici», romantisch und sympathisch. Die kleinen Räume sind noch original mit Cheminée, mit teilweise uralten Holzbalkendecken und einer, durch eine rotgelbe Lampengirlande verzierten Loggia. Die schlanke, langbezopfte Lucia und ihre Mutter sorgen ausgezeichnet für das Wohl der Gäste. Die Bevölkerung ist unter sich, denn nur durch Zufall verschlägt es Fremde hieher. Mittags gibt es Gerichte mit Meerfrüchten, auf Wunsch auch die piemontesische Spezialität «bagna caoda» (rohes oder blanchiertes Gemüse mit heisser Sardellensauce in beheizten Töpfchen). Erst abends feuert der kräftige Vater in weissem T-Shirt den Pizza-Ofen an. Der weisse Wein kommt aus dem gekühlten Fässchen, der rote aus eigenen und befreundeten Produktionen. Der Krabbensalat, die fabelhaften Miesmuscheln, die Spaghetti alle vongole, die gegrillte Forelle, die Pizzen, der Wein harmonieren perfekt mit den einfachen Räumen, den einheimischen Gästen und der hübschen Frau Wirtin. «Kennst Du das Land, wo die Zitronen blühn?» Ein starkes Gefühl für das südliche Land packt den Nordländer und erzeugt Ferienstimmung. Gäbe es nur mehr solcher Lokale!

Klasse des Einfachen! Nach Jahren des verwöhnenden Wohlstandes ist es eine wahre

Wohltat, Echtes ohne Schnickschnack zu erfahren. In wirtschaftlich schwierigen Zeiten ist es sinnvoll, den Reichtum des Ärmeren zu entdecken. Auch dieses Leben ist ein Leben mit eigenen Werten. Was nützt es, immer wieder auf seinem Anspruch nach einem materiell besseren Dasein zu beharren, wenn schlichtweg die Voraussetzungen dazu fehlen? Glück und Zufriedenheit sind keine Vertragsgarantien. Da ist man gut beraten, sich unter anspruchslose Weidenbäume zu setzen, um sich neue Dimensionen zu geben. Die Kunst des Lebens ist, das Alltägliche wachen Sinnes aufzunehmen, denn träumen sollte man im Schlaf. Bunt und vielfältig ist der Augenblick. Sein Wohlbefinden komponiert man aus eigenen Werten, die man erfährt.

Es schneit ungehörigerweise unwissenschaftlich und ausgiebig

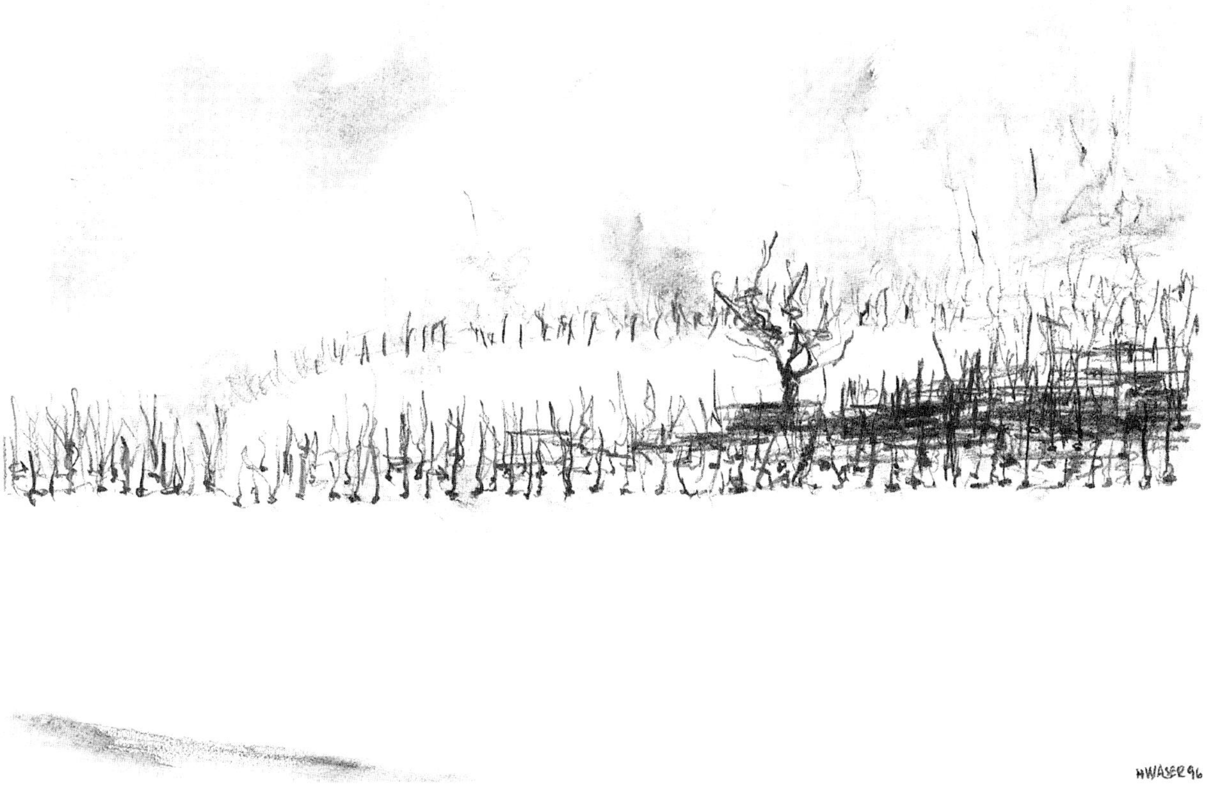
HWASER96

Ärgere dich nicht!

In der Regel gelten in der Schweiz die Italiener als wenig zuverlässig. Ein Sprachlehrer hat uns prophezeit, dass wir Jahre benötigen werden, bis wir durch alle Ämter sind und nochmals Jahre, bis die handwerklichen Renovationsarbeiten ausgeführt werden. Arbeiten der Ämter ohne Schmieren gäbe es nur in der Schweiz. Eine Baustelle auf italienisch werde angefangen und nie beendet. Es ist ein menschlicher Zug, wenn Sprachlehrer glauben zu wissen. Wahres ist immer bei der Sache dabei. Aber eben auch Irrtümer. Kein Wissen kann Erfahrung ersetzen. Tatsächlich steht unser Haus in den Piemonter Rebhügeln in etwa der gleichen Zeit wie in der Heimat – nach Jahren – aber ohne eine Lira geschmiert zu haben. Vorschriften und Bewilligungen sind heute weitgehend europäisiert. Mit regionalen Eigenarten.

Beispielsweise sind die genormten Eurostecker mit drei Polen in Italien auf einer Linie, im Norden im Dreieck angeordnet und somit nicht kompatibel. Die Klärgrube besitzt genormt drei Kammern. Man bezahlt eine Eurosteuer von 4% und keine italienische Mehrwertsteuer von 19%. Die Entleerung der Grube erfolgt per Chemikalien und Pressdruck in den nächsten Bach, da Pumpenwagen fehlen. Geforderte Kläranlagen in den südlichen Millionenstädten sind eine Utopie. Man wartet auf die grüne Finanzspritze der germanischen Wohlhabenden. Auf den noch grösseren, italienischen Schuldenberg geht nichts mehr drauf, will man in den Euro. Und das wollen sie und zwar gleichzeitig mit den Wohlhabenden. Da sage einer, die Italiener seien unzuverlässig.

Am Beispiel meines Geometers seien die Finessen dieser Attribute illustriert. Kennt man die Hintergründe, scheint alles relativ. Telefonische oder ausserhalb seines Büros getätigte Abmachungen gehen vergessen. Der Chef benutzt lediglich einen Wandkalender als verbindliche Agenda, trotz Notebook und Organizer. Auf diese Weise schlängelt er sich bei Überbelastung problemlos durch. Ein eingetragener Termin an der Bürowand ist aber keine Garantie für ein effektives Treffen. Der wesentliche Unterschied besteht darin, dass man bei Absage telefonisch einen neuen Termin bekommt. Damit beginnt das alte Spiel ohne Wandkalender, siehe oben. Chaotisch. Man kann sich ärgern oder auch nicht, meint ein Freund. Jedoch in Notfällen (z.B. Bussen) oder Einzahlungen während unserer Abwesenheit im Ausland ist Walter diskussionslos, bereitwillig und absolut pünktlich zur Hand. Ein zuverlässiger Assistent in der Klemme. Falls nötig, lässt er andere Termine sausen. Der andere mag sich ärgern oder nicht. Hier platziert sich die Preisfrage, was man sich unter «Zuverlässigkeit» wünscht und wie man ihre semantischen Bedeutungen gewichtet. In Italien ist ein pedantisches Urteilen oftmals selbstgefällig und konventionell. Eine, ach so beliebte helvetische Nabelschau wird langsam zum Sehfehler mit Armbrustlabel. Man darf ruhig einmal den Standpunkt wechseln ohne seine Herkunft leugen zu müssen. Der neue Alltag erfordert neue Massstäbe. Um es mit abgegriffenen Bonmots zu sagen: Mensch, ärgere Dich nicht, denn Italiens Uhren gehen anders! Schlussendlich wechselte man in den Süden, um der sauberen Nüchternheit zu entrinnen. Capisce?

Im Himmel und auf Erden

Nach der Überschwemmungskatastrophe vor zwei Jahren stösst man heuer immer noch auf Spätfolgen aus diesen nachsintflutlichen Tagen. Zudem hat es auch dieses Jahr einige Male kräftig geschüttet: halblitergrosse Regentropfen. Es ist beängstigend. Ortsverbindungsstrassen sind örtlich rutschgefährdet. Man baut enorme Eisenbetonwerke zur Rettung der Reste. Gleitrisse findet man in vielen Bauten, auch in unserem Heim. In San Donato sind oben auf dem Berg nachträglich zwei Häuser eingestürzt. Hinter dem schönen Gut eines Schweizers hat sich parallel zum Hang eine Schlucht aufgerissen, über hundert Meter lang und über zwanzig Meter tief. Mit Drainagen versucht man, Haus, Strassen, ja das gesamte Gebiet zu retten. Alles sehr teuer. Wie lange ein Bauwerk schon steht, wird unwesentlich. Erfahrung heisst Gegenwart und nicht mehr Vergangenheit. Die Ökologie hat sich verändert, sagt man. Der geologisch-meteorologische Datenaustausch zwischen Himmel und Erde funktioniert nicht mehr, und nicht bloss der.

So war es wohl auch bei den frühjährlichen Haussegnungen. Beim zweiten Mal erreichte uns der Priester, reichlich erheitert durch die vorgängigen Segnungen der Winzergüter, zu spät und daher fahrlässig in Eile. Vierzehn Tage später verursachte ein Rohrbruch einen schweren Wasserschaden in Badezimmer und Halle. Konsequenterweise und frustriert haben wir die freiwillige Spende an die Kirche im nächsten Jahr halbiert. Die Versicherungsprämie schien uns unangemessen. Der Priester jedoch beehrte uns peinlicherweise gerade nach diesem Akt der Deregulation mit einem Besuch von über einer Stunde. Es erfolgte eine sorgfältige Haussegnung, die tatsächlich die Laufzeit schadenlos hielt.

Schade, dass der Handlung der Geruch einer gar materialistischen Weltsicht anhaftet. Die Bewertung eines Segens nach anlagegerechten Kriterien riecht nach Gegengeschäft. In der Erfolgsrechnung hofft man auf einen Cash-flow – cash, und nicht flüssig oder gar über-flüssig, wie dieser Wassereinbruch. In jeder Tätigkeit sucht der Mensch einen positiven Sinn. Die obige Geschichte lässt auf eine ungenügende Rückkoppelung schliessen. Offenbar spielt die detaillierte Datenübermittlung zwischen Himmel und Erde manchmal nur mangelhaft, trotz Beizug von Spezialisten.

Möglich, dass die Ursache der Panne nun entdeckt wurde. Der priesterliche Treuhänder der Kirche in Castiglione Tinella soll gerüchteweise wegen Missbrauchs von Spendengeldern einige Zeit unabkömmlich sein. Ebenfalls zu berücksichtigen ist die Tatsache einer akuten Gefährdung durch Erosion der einzigen Verbindungsstrasse zwischen unserem Gemeindegebiet und dem Dorf. Diese Nabelschnur führt hoch oben bei der Kapelle San Carlo über der ausgeschrundeten Schlucht vorbei, die sich langsam aber sicher näherfrisst. Noch fehlen einige Meter, aber im neuen Jahrtausend werden diese verdaut sein. Unsere Frazione Brosia wird mit dem Mutterdorf nur noch Sichtkontakt haben. Vielleicht wird sie dadurch eine autonome Parochie, denn der talwärts gelegene Weg unterhalb des Santuario Madonna del Buon Consiglio ist in jeder Beziehung ein Umweg zur Kirche «Sacra Famiglia» in Castion. Da die Erosion nicht bloss am Erdboden nagt, sondern auch Philosophie und Religion mehr und mehr schädigt, darf man in diesem Vorgang eine höhere Gewalt erkennen. Wandel ist Tod und Geburt. Die Natur hilft, die direkte Kommunikation zwischen Himmel und Erde zu revidieren und zu verbessern. Manchmal ist es zu begrüssen, wenn einiges ins Rutschen kommt.

Wie lange ein Bauwerk steht, ist unwesentlich.
Erfahrung heisst Gegenwart und nicht mehr Vergangenheit.

Castello di Lerma

Hurra, die Post ist da!

Als Auslandschweizer freut man sich sehr über Post aus der Heimat. Es sind meistens Zeichen der Freundschaft und der Anteilnahme. Vielleicht auch Erstaunen, dass man den Mut aufgebracht hat, die alten Tage im abenteuerlich ungeordneten Ausland zu verbringen. Zurzeit kommt Post, die uns die gesegnete schweizerische Ordnung unmissverständlich in Erinnerung bringt. Per neuer Gesetze und Reglemente ordnet die fürsorgliche Mutter Helvetia die Ausgabenseite der Fixkosten seiner Bürger. Allmählich stellt man sich ernsthaft die Frage, ob man sich den engen Kontakt zur Heimat finanziell überhaupt noch leisten kann. Dies gilt für Pensionierte innerhalb und ausserhalb der Schweiz und vor allem für Mittelständler ohne Beamtenstatus. Erspartes und Rente schmelzen dahin, schneller als man budgetieren kann.

Da hat man sich ein noch bezahlbares Eigenheim im Ausland gesichert. Auf dem Boden eines anderen Staates. Aber das helvetische Steueramt berechnet den fiktiven Eigenmietwert. Woher die Beamten die Mieten im Ausland kennen, ist schleierhaft. Ich nehme nicht an, dass alle ein Haus in der Toskana besitzen, wie der sagenhafte Zürcher Huber. Aber eben: Wer nicht nimmt, dem wird genommen.

Als letzte Post kamen die neuen Krankenkassenprämien. Innert zweier Jahre fressen diese nun 34 Prozent unserer AHV-Rente und haben über 100 Prozent aufgeschlagen, denn nur mit einer Privatzusatz-Versicherung ist man auch ausserhalb der Schweiz versichert – selbst wenn man es bescheidener haben möchte.

Zu beachten ist, dass die Versicherung bei Verlegung des Wohnsitzes ins Ausland und bei vorübergehendem Auslandaufenthalt, der länger als fünf Jahre dauert, im Prinzip erlischt. Selbst bei jahrzehntelangen Beitragszahlungen und als eigentlicher Schweizerbürger. Über eine europäische Zusammenarbeit hat man sich in den verantwortlichen Etagen noch kaum Gedanken gemacht. Im Gegenteil: Gemäss einer Klausel muss der Patient bei Eintritt der Transportfähigkeit sofort in ein teures

Schweizerspital verlegt werden. Für dieses Geld kann ich im Ausland ein Viersternhotel mit privater Krankenschwester belegen.

Natürlich gibt es ein Hintertürchen, das man benützen kann, wenn man weiterzahlt. Zudem offeriert die Kasse mit der aktuellen Erhöhung einige Einsparmöglichkeiten. Wenn wir zum Beispiel die obligatorische Franchise auf 1200 Franken erhöhen und im Spital die ersten 7000 Franken übernehmen, können wir 40 Prozent der Erhöhung abfangen. Wahrscheinlich dürften wir somit nie eine Rückerstattung anmelden, da wir alles selber bezahlen. Trotzdem verbleibt eine neue Teuerung von 35 Prozent oder über 60 Prozent in den letzten zwei Jahren. Na hören Sie mal: Hat in der Schweiz jemand das Eselein-streck-dich-Märchen als wahr akzeptiert? Oder gibt es bald schweizerische Emigranten, die vor der schweizerisch perfekten Ordnung fliehen müssen? So kann Europa doch noch rufen: «Hurra, die Schweizer sind da!»

Die Schmeissfliege

Frühmorgens, kurz nach fünf Uhr, lockt mich ein seltsames Licht ans Atelierfenster. In einem wunderschönen orangenen Duvet auf grauer Matratze ziert sich die Sonne aufzustehen. Eine Lerche jubiliert, ein Kuckuck ruft talauswärts, Vogelgesang allüberall. Die Sicht ins weite, stille Land des Po verdichtet sich zur Meditation.

Einige Stunden später sitze ich wieder am offenen Fenster und lausche in die Landschaft. Die Kuckucksuhr verkündet immer noch den ankommenden Frühling. Auch die roten Traktoren der Winzer brummen von einer neuen Zeit. Erstmals werden die unnützen Blätter am Wurzelstock entfernt, erstmals wird gespritzt, mit der Handpumpe die Unkrautbüschel, mechanisch das erste Fungizid. Rauhe Musik der Arbeit. Als Pensionierter hört man die Töne mit Ehrfurcht, aber ohne schlechtes Gewissen. Diese Mussestunden hat man verdient, wie man so schön formuliert und hart berechnet. Aber eine Schmeissfliege ist da anderer Meinung. Sie hat mein frisch gewaschenes Gesicht als welteinzigen Landeplatz erwählt. Top-Reiseziel für unerwünschte Aufenthalter. Ich beginne die Abwehrschlacht mit tierliebenden Wedelbewegungen der Hand. Es folgen freundliche Worte des Abschieds, in Anbetracht des Ortes in der Landessprache: Arrivederci! Als Fortsetzung ein Fächertanz mit dem Verbenheft, in der Absicht, den Störefried durch das offene Fenster zu jagen. Nach Verlust eines Aschenbechers bei einer nutzlosen Schlägerei ist das Biest draussen und das Fenster zu. Aber leider ist das Nebenfenster offen. Jetzt nur nicht die Ruhe verlieren, wenn schon der Morgenfriede verloren ist. Mit der Spezialwaffe, der Fliegenklappe, muss das Gefecht eine Wendung zu meinen Gunsten nehmen. Doch der Flugraum ist zu hoch und zu lang. Es gibt zu viele Warteschlaufen. Hoffnungslos! Wenn ich könnte, würde ich die Fliege ins Internet einspeisen und anbieten. Einen dummen Neugierigen findet man immer. Noch mangelt jedoch eine elektronische Fliegenfalle on line. Mein Glaube ans kommende Zeitalter möge Hilfe bringen, denn Hoffnung in Notlagen ist die Grundlage jeder Weisheit. Nach einer bewundernswerten Selbstbeherrschungsperiode explodiert meine gute Erziehung in eine Fluchtirade aus Brehms Tierleben und in echtem Schweizerdeutsch.

Und siehe da, die Schmeissfliege nimmt definitiv Reissaus. Anscheinend eine Reisende aus der Heimat. Wie konnte ich nur diese Anhänglichkeit so falsch deuten! Und der Sinn dieser obstrusen Geschichte? Einmal drückt man sich in problematischen Situationen am verständlichsten in der Muttersprache aus und wird international verstanden. Zum andern scheint es mit der weisen Gelassenheit des Alters nicht weit her zu sein. Das Gebrumm und die penetrante Wahl meiner Intimsphäre als Destination eines kleinen Tierchens lassen Vogelgesang und Arbeitsmusik in das Bewusstsein eines romantischen Frühlings eigener Projektionen absinken. Peinlich! Man kam sich doch so überlegen vor. Unsere Welt ist die Welt der momentanen Erlebnisse, auf die wir zuerst mit unseren Sinnen reagieren. Die gelassene Distanz folgt erst, wenn der Verstand wieder einsetzt, wenn überhaupt! Doch – gottlob! – wird es auch ohne uns trotzdem Frühling!

Vagabondo

Die letzten Wochen des Winters und der Frühlingsanfang haben wunderschöne Tage gebracht. Sonnig und trocken, wenn auch öfters ein eisiger Wind weht. Die Winzer sprechen von zwanzig Tagen Vorsprung auf den Wachstumskalender. Die Rebzweige tragen bereits Grün. Die Blütenpracht der Bäume liegt am Boden. Die Feigen zeigen Fruchtansätze. Mauro arbeitet mit wenig frühlingsfrohem Gesicht zwischen den Rebstöcken: «Zu trocken und die Knospen zu gross. Der April bringt oft Polarwinde mit Tiefnebel. Es besteht die Gefahr, dass die Pflanzen in unteren Lagen erfrieren.» Er hofft auf einen gnädigen Himmel, denn gegen den Willen des Schicksals ist jedes Wollen machtlos. Das weiss keiner besser als der naturverbundene Mensch.

Die ersten Vogelschwärme kreisen, bevor sie sich auf den Weg nach Norden machen. Die lauernden Katzen sind wieder trächtig und lassen Böses ahnen. Dabei hat die natürliche Auslese letztes Jahr die Katzenschwemme stark reduziert. Aber die Geburtenregelung ist seit Noahs Arche in der Bilanz stets eine zunehmende Menge. Und Frühling ist sowieso eine schlechte Zeit, um über die Fruchtbarkeit zu diskutieren. Jeder Landmann hofft, dass es ein ertragreiches Jahr geben möge.

Aber einer ist mit dem wärmeren Wetter wieder aufgetaucht, dem dies alles gleichgültig ist. Am Ostermorgen höre ich ihn weit unten auf der Strasse nach Annunziata singen. Die Töne und der Mann wackeln bedenklich. Aber er ist auf dem resoluten Anmarsch, sein Sommerquartier zu beziehen, nämlich die Strasse von Brosia und die angrenzenden Geräteschuppen. Hier wird er vegetieren als ein echter Landstreicher. Vagabondo. In der letzten Steigung geht ihm die Luft aus, und er wechselt vom Belcanto in einen sozialpolitischen Disput mit imaginären Opponenten. Südländisch gestikulierend zieht er an mir vorbei, ohne mich zu bemerken. Auch den uralten Nonno, der auf einem Brettchen oben auf der Böschungskante unter dem Baum sitzt, ignoriert er. Dabei hat die Neugier den Alten auf die Beine gebracht.

Der Vagabund lebt in unserer Welt, eingekapselt in sein Universum. Ein Aussteiger und auch Einsteiger. Aber seine Realität ist nicht die unsere. Bloss sein hilfloses Schattenboxen gleicht arg unseren Bemühungen zur Besserung dieser Welt. Seine Zeitabschnitte messen sich nicht in Terminen, seine Zeit verläuft in Promillen und nicht in Sekunden. Sie läuft ab ohne messbaren Bezug zu den Tätigkeiten der fleissigen Winzer, ausser im Konsum der Weine. Er kennt keine Produktion, und somit keine Pleiten, keinen Erfolg. Er ist, bis er nicht mehr ist. Vagabondos Frühling bringt keine Blüten. Seine Ernte ist bereits erfroren. So wirkt er wie ein Webfehler im grünenden Lebenstuch dieser Landschaft. Möge Dich wenigstens der Sommer erwärmen, Vagabondo!

Frisch geweisselt sind die Räume

MANDELBAUM IM SONNE HWASER
WINTER 97

Ein immerwährendes Spiel von Wegsterben und Wiedererwachen.

Kathedrale von Asti

Rückkehr

Im Dezember und Januar beendet man einen Abschnitt seines Lebens und beginnt einen neuen mit allen guten Wünschen. Gesteuert durch unsere Emotionen spielen sich diese Tage vorwiegend in Familien- und Freundeskreisen ab, etwas melancholisch, etwas romantisch. Als Pensionierter fühlt man handfest die Zeit entschwinden. An Weihnachten beschenkt man schon Enkelkinder. An Neujahr zieht man Bilanz und begutachtet, was unter dem Strich verbleibt. Dank dem lückenhaften Kurzzeitgedächtnis ist das Ergebnis meist positiv – na wir leben ja noch! Besser: wir erleben noch. Egal ob wir glücklich oder traurig gestimmt sind, erscheint uns die Zukunft als Abenteuer, und so lange wir forschend neugierig bleiben, glüht in uns ein Funken Hoffnung auf erlebenswerte Stunden. Neugier ist die vitale Gier nach Neuem, nach Zukunft bis in alle Unendlichkeit. Ein befehlendes Vorwärts.
Ein bisschen hat unser Gemüt genug vom bleigrauen Nebelhimmel, der selbst über Mittag ohne Glanz bleibt. Die Gesichter der meisten Schweizer, die sich darunter tummeln, widerspiegeln das Wetter. Besonders ärgerlich scheint das Wissen zu sein, dass es höher und südlicher sonnig wäre. So geht es bei uns, kurz nach den Feiertagen, zurück ins Piemont. Das Urnerland ist schwer verhangen und klebrigfeucht. «Uri, Schwyz und Unter-Wasser», kommt mir ein Kalauer in den Sinn. Erst nach dem grossen Tunnel beginnt es zu strahlen. Die Po-Ebene schmückt sich umwerfend mit dem blendenden Alpenkranz. Frisch geweisselt sind die Räume. Auch in Castiglione liegt 40 Zentimeter Schnee. Der Parkplatz muss freigeschaufelt werden wie in einem Winterkurort. In den blanken Hängen stehen bereits einzelne Winzer und schneiden die alten Reben. Jetzt erst spüre ich die Ankunft des neuen Jahres. Das Stundenrad dreht wieder emsig und will Neues hervorbringen.
Die Nacht dämmert mit überwältigenden Farben. Die Silhouette der Grajischen und Cottischen Alpen wickelt sich ab vor goldenem Hintergrund, während aus den Tiefen der Po-Ebene ein lila Schatten emporsteigt, grauviolett abdunkelt und

genüsslich das Tageslicht frisst. Die Sterne erfunkeln am eisigen Nachthimmel. Die warmen, gelben Lichter in den Tälern unter einem leichten Nebelschleier lassen zehntausend gemütliche Häuslichkeit ahnen. Der uralte Instinkt nach Höhlen und Hütten, nach Schutz vor den Unbillen des Alltags wird wach. Diese Rückkehr in den verschneiten Süden wird zur Vision einer winterlichen Schweiz aus dem Bilderbuch. So verweben sich Gefühlsfetzen von Fernweh und Heimweh zu positivem Erleben. Aus Weh wird Freude, aus Rückkehr wird Heimkehr. Das immerwährende Spiel von Wegsterben und Wiedererwachen.

Sorgen oder nicht Sorgen?

Aus der Sicht der Winzer war 1997 ein prachtvolles Jahr. Der Himmel voll Sonnenschein. Geregnet hat es nach dem zeitgemässen Giesskannenprinzip, gerecht jedem was und anständigerweise oftmals nachts. Notorische Pechvögel hat es leider wieder strichweise mit Hagel erwischt, doch in diesem üppigen Sommer mit frühen Gewittern und vorgezogener Ernte fällt der Gesamtschaden kaum ins Gewicht. Die Lese fand insgesamt bei strahlendem Wetter statt, bei früh sich auflösendem Bodennebel, ein wesentliches Kriterium für einen grossen Jahrgang des Weines. Die Winzer loben daher auch unisono das Ergebnis. Fast unisono. Unser griesgrämiger Nachbar findet wie üblich das Haar in der Suppe. Ja, ja schon ein ordentliches Jahr, aber zu trocken. Vielleicht erwartet er mich als Duettpartner in dieser Jeremiade, sah er mich doch all die Monate mit dem Gartenschlauch als freiwilliger Spritzer hantieren. Wenn ich jedoch die übermannshohen Rosenbüsche bewundere, vergesse ich die massive Wasserrechnung und den gelben Rasen, in dem sich nur das Unkraut richtig entfaltet und zur Geltung kommt. Unser nach englischem Wissen gepflegter Rasen beleidigt selbst irische Separatisten. Sorgen oder nicht Sorgen, das ist die Frage. Wie eine Flammenschrift hängt diese Frage über unserem Dasein.

Dieses Jahr wird einen guten bis aussergewöhnlichen Jahrgang an Weinen hervorbringen. Ich glaube, dass es sich lohnen wird, hieher zu fahren und sich seine Flaschen direkt beim Produzenten zu reservieren. Die Tendenz zum Verkauf ab Rebstock ist rasant zunehmend, zum Nachteil für uns Kleinkonsumenten und Weinliebhaber. Der wachsende Erfolg dereguliert den Markt. Auch eine Variante. Und mitten im Überfluss werden die Menschen ebenfalls ernster und berechnender. Und so trifft man leider immer weniger auf spontane, herzerfrischende Fröhlichkeit, die man eigentlich im Süden erwartet. Gesichter, die lächeln, verkommen zum Witz, zum Lachen. Hoffentlich wird diese Lebenshaltung keine Euronorm. Auf der einen Seite humorloser Wohlstand, auf der andern Arbeitslosigkeit, die das Lächeln erfrieren lassen. Jeder fürchtet sich vor der Restkatastrophe wie der Winzer das Sturmwetter in die Lese.

Sie werden bemerken, liebe Leserin, lieber Leser, dass mich der Sorgenpilz auch schon befallen hat. Pilzkrankheiten sind das Problem der Moderne. Kaum auszurotten, kaum zu stabilisieren. Sie verbreiten sich rasend schnell über die Lande. Eine Trinkkur mit Rebensaft hilft höchstens über ein Seelentief hinweg, aber kaum über die sturen Realitäten. Aber es gibt einen Rückzug auf eine bleibende Realität und diese heilt kassenfrei. Wo unsere konstruierte Zivilisation versagt, beginnt die Natur. Wer sehen und erleben kann, findet hier den besten Tröster. Zurzeit werden die Blätter rot, braun und gelb, verwoben zu warmen, spätherbstlichen Decken, die die Hügel bedecken. Die aufkommenden Winterwinde werden sie zerzausen und zu Boden wischen. Die Hänge werden öd und kahl. Kein ermunternder Anblick für Deprimierte. Jedoch weiss jeder schon heute, dass in all diesen scheinbar abgestorbenen Hügeln bereits das neue Jahr schlummert – voll Kraft und Energie. Mit aufgestautem neuen Leben und neuer Ernte. Schon regt sich der Sorgenpilz und meldet sich die Unke. Ein gutes Jahr lässt logischerweise schlechte Aussichten erwarten. Na, wenn das nicht Sorgen macht! Sind wir Menschen nicht doch ein bisschen blöde?

Wolkenschau

Auf unserem Hügel zu stehen und gradaus in den Himmel zu gucken, vermittelt die Illusion, hoch aufgestiegen Ausschau zu halten. Ein Besucher benannte diese Fata Morgana «Top of the world». Dabei liegt der Ort auf etwas über 400 Meter über Meer. Die Täler sind tief eingeschnitten und fallen von 300 Meter auf um 100 Meter über Meer gegen Osten zu. In unserer Nachbarschaft liegen sie um 200 Meter tiefer als wir. Die schroffen Flanken der Hügelzüge verdecken oft die Sicht auf den Talboden. Nebelbänke, die nur Kämme und Kuppen frei lassen, aber die Täler wie ein Meer füllen, radieren die Etage der emsigen Tätigkeit aus. Alles scheint zu schweben. Anderseits stehen am Horizont die Viertausender auf Augenhöhe. Die Weite der Sicht und die Erdkrümmung senken diese Silhouette. Der Himmel ist zum Greifen nah. An glücklichen Tagen oder bei Gewitterlage fahren die Wolken auf zur Flugschau.

Wolkenschau! Zwischen den Rosen und dem duftenden Lavendel hinaufzuschauen zu diesen körperlosen Gebilden aus Wasser, die sich auf azurener Leinwand formen und wiederformen in steter Veränderung, welch eine Aufführung! Es entstehen Blumengärten oder auch nur Körbe voll Blumenkohl. Bizarre Gesichter modellieren sich, werden zu Karikaturen und zerfliessen. Ein Menschenleben, abgelaufen in Minuten. Da massieren sich Teile zu Tierbildern, böse, ängstigend und surreal. Eine Riesenschlange verschluckt den untergehenden Sonnenball; rotglühend leuchten die letzten Strahlen durch den dicken Riesenleib des Reptils. Aus dem Aostatal fährt ein gigantisches Schlachtschiff auf unserem Kurs, ankert bei Canelli. Das kriegerische Gefährt explodiert in einem gewaltigen Gewitter. Die Hagelkanonen des Monferratos haben es wohl getroffen und versenkt. Einmal kommt eine schwarze Wand aus dem Barolo. Die elektrischen Entladungen rücken von links heran, näher und näher, sie zucken um unser Haus und bauen ein spürbares Spannungsfeld auf. Blitzableiter hat hier niemand, aber wir besitzen eine zusätzliche doppelte Blitzsicherung. Doch ein letzter Blitz haut in nächster Nähe in die Leitung, der

Sicherungskasten schmilzt, eine Flamme zuckt in die Garage und es brennt gleich lichterloh. Gottlob sind wir zu Hause und können eingreifen. Doch das unheimlichste Erlebnis waren drei riesige Gewitterfelder. Vier Stunden lang zucken pausenlos Donnerkeile quer und senkrecht als Feuerwerk der Götter im Panoramatheater. Unmenschliche Pyrotechnik. Jedoch es ist kein Ton zu hören und kein Lüftchen regt sich im Garten. Keine Grille wagt ein Ständchen. Totenstille im Anblick der Tod und Verderben bringenden Feuersäulen. Geisterhaft. In der Langhe hat es drei Menschen getötet.

Wolkenschau! Schnell vergängliche Wesen eines unsichtbaren Gestalters, eines in Formen erzählenden Geistes. Man steht zwischen Rosen und Lavendel als Voyeur der gigantischen Mächte, die über uns sind. Selbst in dieser Höhenlage zwischen Himmel und Erde ist der Mensch lediglich ein Durchreisender. So wird es Abend. Die Zeit, die die Franzosen «entre chien et loup» nennen. Die Zeit, in der sich der wachsame Hund verkriecht und der Wolf seine nächtliche Wanderung aufnimmt, bis am Morgen die Sonnenbarke ihre Reise wieder antritt. In der Dämmerung wollen wir noch ein Gläschen trinken, bevor wir uns zur Ruhe legen. Morgen wollen wir schauen, wie sich die Launen des Augenblicks auf der Bühne der Ewigkeit formen und vergehen. So wie auch wir launisch entstanden sind, uns formen und vergehen werden.

Ein Menschenleben, abgelaufen in Minuten

Wolkenschau 1   H.Wase 1997

Körperlose Gebilde aus Wasser auf azurener Leinwand

CALOSSO

Unendlichkeit

Heute ist ein trüber Tag. Man erblickt lediglich die nächsten Hügelzüge, blassviolett verschwommen in der dunstigen bis nebligen Wetterlage. Dahinter liegt ein Schleier, mysteriös und doch farblich wunderbar abgestimmt in hellem Rosa bis wässrigem Ocker. Wie ein Feldherr ausser Dienst inspiziere ich die Runde, hinab in die arbeitskampfmüden Täler, als ein blinder Seher über viele, unbekannte Leben, ohne jede Gewalt und ohne jeden Einfluss. Die undurchdringliche Weite beruhigt die Seele, lässt der Phantasie Raum und erzeugt doch das weise Gefühl von Ohnmacht und Kleinheit. Unbedeutend, was man denkt und schreibt. Im Nebel der Ferne geht alles unter und macht der Unendlichkeit Platz. Morgen ist vielleicht wieder ein prächtiger Frühlingstag voll gleissender Helle. Am Horizont erblickt man die herrliche Kette der Viertausendergipfel der Alpen von Frankreich bis ins Tirol. Bergriesen, aber von hier aus klein wie Briefmarkenbilder. Dazwischen wellen sich in immer feiner abgestuften Farbnuancen die Hügelketten, je entfernter, desto mehr in Pastelltöne zurückgenommen. Ein Rundblick über eine Fläche so gross wie die Schweiz. Vierzehn Millionen Schicksale spulen zu meinen Füssen ihren Lebensfaden ab, aber ich sehe nichts, vielleicht hie und da eine Rauchsäule, ein blickendes Glas im Sonnenlicht. Beeindruckt schweigt man und schaut, ohne Zwang und ohne Ehrgeiz. Vielleicht folgt diesem Sonnentag eine klare Nacht. Milliarden von diamantenen Sternsignalen scheinen dich anzupeilen aus ewigen Weiten. Dieser funkelnde Dom findet seine Fortsetzung in Tausenden von Punkten glitzernder Lichter in der Dunkelheit des Südpiemonts, ausgebreitet bis zum Alpenrand als ausgezackter Übergang zum Wunder der Sternennacht. Im Vergleich ist das menschliche Spiegelbild der Lichter armselig, aber imposant als Lebenswille. Wir sind noch da. Zwischen Mond und den Sternen ziehen Spätflüge ihre Kursbahn. Rote und gelbe Positionslichter melden ebenso: Wir sind noch da.

Ferdinand Hodler, der grosse Schweizer Maler, hat kurz vor seinem Tod am

Genfersee diese Weite entdeckt. Er war gezeichnet durch das langsame Sterben seiner Freundin, das er mit künstlerischen Protokollen miterlitten hatte. Oben im Refugium in Caux hat er schlagartig die Unendlichkeit gesehen, als Kombination der spiegelnden Fläche des Genfersees und des Bergkranzes der Savoyer Alpen am Horizont. Hodler starb, bevor er diese Unendlichkeit und die Gottesnähe für sich abschliessend künstlerisch umsetzen konnte. Im Nachlass findet sich nur ein Beginn. Ich kann diese Mühe des Ausdrucks verstehen. Auch ich habe den Hauch der Unendlichkeit zu spüren bekommen und es ist gut so. Die tiefe Ruhe und ein österlicher Frieden liegen im eigenen Herzen oder nirgends.

Vielleicht folgt diesem Sonnentag eine klare Nacht

CASTION SCHLÄFT

Anfangs 2000

Eigentlich ist es ein Jahreswechsel wie jedes Jahr. Keine Spur von einem Sprung ins Jahr 2000. Zudem kennen nicht alle Völker und ihre Kalender diese runde Jahreszahl, dieses Jahrtausend-Jubiläum. Für über die Hälfte der Erdenbewohner ist diese Zahl 2000 theoretisch bedeutungslos; den Bezugspunkt liefert eine christliche Konstante. Und doch befassen sich viele graue Zellen mit dieser magischen Zahl, denn Welthandel und Computertechnik haben sich auf den gregorianischen Kalender ausgerichtet. Technische Probleme, Fehlleistungen weitere Überraschungen sind als vorprogrammiert zu erwarten und zu lösen. Doch auch gefühlsmässig gleicht dieses ominöse, erste Neujahr einem einsamen Grenzposten, bei dem man ein endloses Land betritt, das man nie besucht hat und das man nicht kennt. Ein Auszug aller in ein gelobtes Land in einem Wilden Westen der Menschheitsgeschichte. So gewaltig dieses Abenteuer erscheinen mag, so wenig wird der Einzelne davon verspüren. Die aktuellen Geschichten werden nahtlos weiter aktuelle Geschichten erzeugen. Der Alltag bleibt der alte Alltag. Nichts wird absolut neu beginnen als das Datum. Eine fiktive Grösse, somit unstabil. Das Datum ist nur ein Schrittmacher bei den Tätigkeiten und ein Schrittmesser bei den Ruhepausen und umgekehrt. Da haben doch die Nullen hinter der Zahl keine zwingende Bedeutung. Warum aber werden runde Daten, wie zum Beispiel bei Geburtstagen, als aussergewöhnlich hochgejubelt? Wann denn beginnt das Zählen der Lebenstage? Es stellt sich doch bereits bei der Geburt die Frage, ob man neun Monate alt ist oder das Zählen mit dem ersten Tag beginnen soll. Die Streiffrage um die Abtreibung würde sich sonst nicht stellen, um das Leben vor der Geburt. Wer kann bezeugen, dass es nach dem Tode nicht eine analoge Phase geben wird, ein Menschenleben nach dem Hinscheiden, bevor man ins Paradies, ins Nirwana oder was auch immer der eigene Glaube verspricht, übertritt.

2000 Jahre alt ist die Geschichte der Menschheit keineswegs. Eher deren kürzeres Ende. Und trotzdem ahnt man, dass im neuen Jahrhundert einige wesentliche Änderungen eintreten werden, die in den letzten 200 Jahren gezeugt wurden. Noch schwimmen diese Visionen im herrschenden, unstrukturierten Chaos. Neuerungen und Tendenzen lassen Entwicklungen erwarten, aber wie grundlegend sie sein werden, ist eine andere Frage. Es wird nicht mehr bestritten, dass wir an Ressourcengrenzen, an Finanzierungslimiten und an die Grenzen des zwingenden Bedarfes stossen. Die Lösung heisst Bescheidenheit und Selbstbeschränkung durch Verzicht, vor allem auf alles unnötig Luxuriöse. Ein konsequent relativierendes Konsumverhalten, ganz im Gegensatz zu den heute gültigen Richtlinien der Marktbearbeitung. Es wird der postindustriellen und vermaterialisierten Gesellschaft sehr schwer fallen, sich neu auszurichten. Mancher wird nichts mehr sein ohne Statussymbol. Die meisten werden unbedeutend werden, sobald sie Titel, Rang und Geld verlieren. Der schnelle Sturz einiger anscheinend Mächtigen dieser Welt hat eingesetzt. Noch halten sich einige im Verbund und mittels eines Klumpeneffekts der Masse, in allen möglichen diplomatischen und wirtschaftlichen Organisationen. Blendwerk! Denn offensichtlich wird die soziologische Zweiteilung immer deutlicher. In: «die Reichen und die Armen». Beide Gruppen sind einflussreich, aber nicht richtungsweisend. Sie agieren als soziale, politische und wirtschaftliche Grössen. Doch auch die Zeiten der regionalen Klassenaufstände sind vorbei, die anschliessend die Welt erschüttern. Was kommen wird, ist ein direkter, globaler Umsturz, ausgelöst durch Reaktionen auf unser Fehlverhalten gegenüber der Natur und unseren Mitmenschen. Falls in diesen Zeiten noch Menschen das Sagen haben, kann man nur hoffen, dass die uralten ethischen und moralischen Axiome obsiegen werden, denn in diesem Wissensbereich ist wenig an Fortschritt dazu gekommen.

Noch schwimmen diese Visionen im unstrukturierten Chaos

CASTIGLIONE TINELLA IM NEBELBAD   HMoser 1997